RICCARDO AFFINATI

I0540387

ANDARE PER FRATELLI

I VOLTI, I LUOGHI E L'IMMAGINARIO

DELL'ITALIA LETTERARIA E NON SOLO

BOOKMOON SAGGI 009

AUTORE - AUTHOR :

Riccardo Affinati è nato a Roma nel 1959, saggista, ha pubblicato numerose monografie, tra cui Storia militare dei partigiani italiani, 1943 – 1945 (2007); Storia militare dei garibaldini, 1838 - 1871 (2007); Storia militare degli Ordini Religioso Militari (2008); Le Guerre d'Italia, 1494 - 1559 (2008); Wellington. L'uomo che sconfisse Napoleone (2008); Storia militare del Lazio (2008); Soldati del Papa. Dall'antichità ai giorni nostri (2008); Forze Armate della Repubblica Sociale Italiana (2009); Vita Quotidiana delle Brigate Rosse (2009), Città fatali. Battaglie, assedi e conflitti urbani dall'antichità ai giorni nostri (2014), Storia universale della guerra – L'antichità (2016), Storia militare degli animali (2016), Camminare per i fiumi in guerra (2016), Camminare per l'Italia fascista (2016), Andare per fratelli (2017).

NOTE EDITORIALI - PUBLISHING'S NOTE

ISBN: 9788893272353 seconda ristampa Gennaio 2018
Title: **Andare per fratelli (Bookmoon Saggi BMS009)**
di Riccardo Affinati
Editor: Soldiershop Publishing per i tipi Bookmoon.
Cover & Art Design: L. S. Cristini. DTP Anna Cristini

Mappa mentale

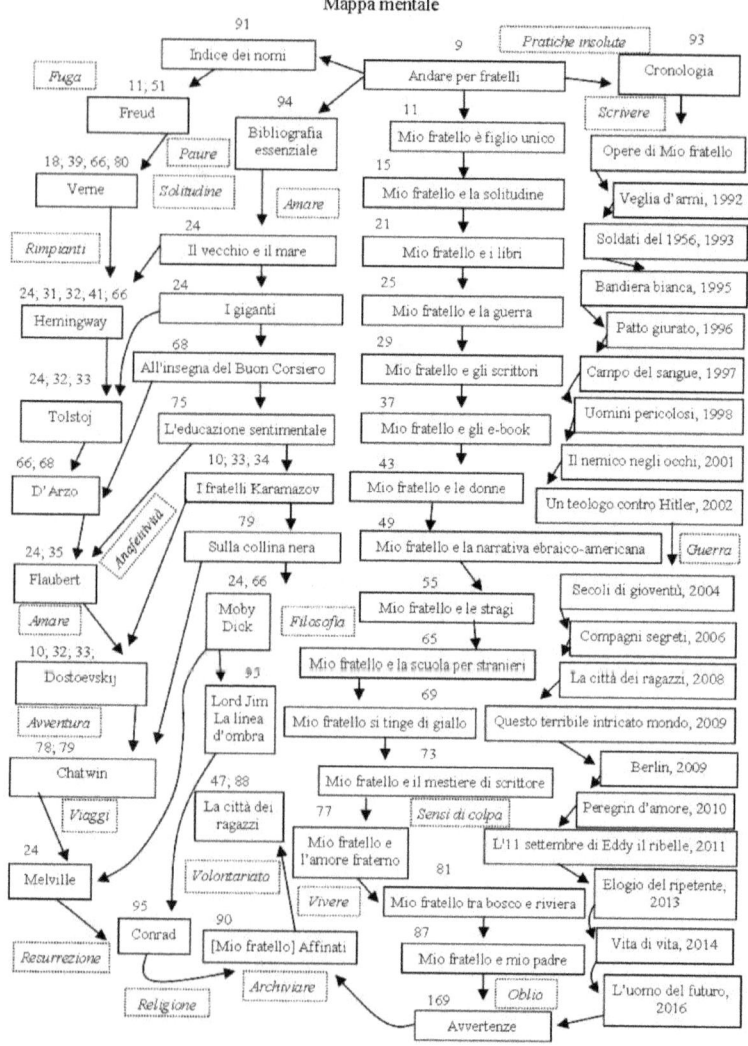

INDICE

Voglio dire che tutto ha inizio, sempre da uno stimolo emotivo: reazione a una ingiustizia, sdegno per l'ipocrisia mia ed altrui, solidarietà e simpatia umana per una persona o un gruppo di persone, ribellione contro leggi superate e anacronistiche con il mondo di oggi.

(Eduardo De Filippo, I capolavori di Eduardo, Einaudi, 1973)

RICCARDO AFFINATI è nato a Roma nel 1959, saggista, ha pubblicato numerose monografie, tra cui Storia militare dei partigiani italiani, 1943 – 1945 (2007); Storia militare dei garibaldini, 1838 - 1871 (2007); Storia militare degli Ordini Religioso Militari (2008); Le Guerre d'Italia, 1494 - 1559 (2008); Wellington. L'uomo che sconfisse Napoleone (2008); Storia militare del Lazio (2008); Soldati del Papa. Dall'antichità ai giorni nostri (2008); Forze Armate della Repubblica Sociale Italiana (2009); Vita Quotidiana delle Brigate Rosse (2009), Città fatali. Battaglie, assedi e conflitti urbani dall'antichità ai giorni nostri (2014), Storia universale della guerra – L'antichità (2016), Storia militare degli animali (2016), Camminare per i fiumi in guerra (2016), Camminare per l'Italia fascista (2016), Andare per fratelli (2017), Le battaglie più crudeli della storia (2017).

UNO

Esistono libri che fin dalla loro prima pagina ti prendono e ti affascinano e, senza renderci conto, ci fanno addentrare in luoghi, fino ad allora, a noi ignoti e che ci fanno raggiungere situazioni che, per originalità o banale curiosità intellettuale, ci rendono schiavi del gesto di voltar pagina. La maggior parte delle volte si resta delusi, talvolta per l'incipit altre volte per la conclusione della storia, spesso banale e senza senso. A rendere unico un libro, per alcuni sono le descrizioni, sia dei paesaggi sia degli stati d'animo, per altri i dialoghi, così frementi e coinvolgenti, senza contare la trama e la complessità di tutte delle vicende, così particolareggiate e vive. Sono tanti gli ingredienti di un libro di successo che, non per forza, ne fanno un capolavoro, eppure, lontano da ogni retorica, perfino l'editore fa parte di questo grande gioco. In questo libro non troverete molti dialoghi e neanche la rappresentazione di posti stupendi, eppure ve ne sono stati nella mia vita. Quanti discorsi ho ascoltato e quanti luoghi d'incanto posso aver incontrato? Nessuno di noi si senta escluso dal rispondere.

« Per esempio Lei che mi sta leggendo, di paradisi incontaminati ne ha mai incontrati? »

« Proprio questa domenica sono stata all'Oasi di Ninfa. Ha presente Sermoneta? Ebbene ne avevo sempre sentito parlare, ma non c'ero mai stata! »

« E a Lei signora, anche a Lei è successo? »

« Un luogo che mi ha sempre incantata è Tolfa, dove c'è una torre che sovrasta il paese, lì in alto mi sono sentita piena di energia positiva! »

« La comprendo signora, perché la felicità è un istante reso statico, queste le parole che hanno guidato, tenacemente, la mia vita. »

La vita, troppo sovente, ci porta lungo strade tortuose e a dei bivi, cioè a fare delle scelte, talvolta obbligate, che, in un primo tempo, ci appaiono impossibili da compiere oppure drammaticamente amare. Spesso la nostra gioventù ci sembra così lenta e monotona da essere per noi di difficile interpretazione, poi, all'improvviso, lo scorrere della vita quotidiana diventa impossibile da frenare. Il nostro treno ci appare, sempre più rapido, velocissimo e impossibile da fermare. Rimane difficile evidenziare a che età inizia questa nostra trasformazione, i giovani non ci pensano e non sono argomenti interessanti per loro, ma arrivati verso i fatidici cinquantanni all'improvviso giunge la paura della nostra saggezza. Cosa ci fa accorgere che ci stiamo avvicinando a questa tappa importante e pericolosa? Sicuramente la voglia di elencare argomenti ed episodi accaduti, sensazioni vissute e che vogliamo rammentare: piccole cose della nostra vita passata, emozioni, odori, ricordi, cartoline e immagini della nostra infanzia o momenti di tenerezza. Vogliamo tornare a vedere luoghi o sapori, che ci riportano indietro, non solo nel tempo, ma anche nel nostro più profondo Io, in quanto struttura psicologica. Un vecchio maglione ci appare da un cassetto abbandonato, mentre in televisione rivediamo un frammento di una serie televisiva ormai dimenticata, oppure ascoltiamo una vecchia sigla di un cartone animato. Sentiamo sempre più forte la voglia di avere conferme e sicurezze, qualcosa di eterno che il tempo non può scalfire. Lasciamo agli altri l'indefinito per conservare in noi stessi la certezza delle cose belle, anche se patinate da elementi ormai considerati antichi e fuori moda. Abbiamo bisogno di meccanismi di difesa, cioè di processi psichici deputati alla protezione del nostro Io, per tenere lontano le esperienze pulsionali troppo intense oppure le conoscenze, che sembrano voler minacciare i nostri percorsi di vita.

« Perdendo mio padre, non ho perso una guida, ho solo dimenticato come si fa a parlare con qualcuno che, pur giudicandoti, ha sempre voglia di assolverti! »

Nel frattempo il lettore mi guarda, iniziando a sbadigliare, a guardarsi intorno, come se fosse il particolare a renderlo inadatto alla bisogna. Tra un attimo chiuderà il libro, bene che vada, salterà qualche pagina nella speranza che non sia tutto così melenso.

« Signora, aspetti ancora un attimo! Tra breve sarò da Lei! »

In alcune culture, il fratello rappresenta una sorta di secondo padre, ma i nostri pensieri, sicuramente disordinati, di fronte alle regole di vita quotidiana ci deridono e ci confondono. Ognuno di noi si è confrontato, prima o poi, con l'immagine del fratello, perfino chi, nella vita, si è ritrovato figlio unico. Il viaggio letterario che io vi vorrei proporre tocca i nostri scrittori preferiti, i nostri ricordi familiari e l'idea del fratello nel suo significato più alto e drammatico. Tanto per capirci e, fin da subito, in maniera diretta e brutale, senza fraintendimenti ulteriori, ecco i primi versi del nostro viaggio.

Portai sempre gli abiti smessi di mia sorella
solo che mi andavano stretti,
non ebbi mai un paio di scarpe mio
e un abito tutto mio.
Finalmente in manicomio mi diedero la divisa
e la dimenticai per sempre.
(Alda Merini, Mia sorella, Terra d'Amore, 2003)

Il rapporto tra fratelli è da sempre tribolato e colmo di significati, lo è da Caino e Abele, passando per Romolo e Remo e "I fratelli Karamazov", l'ultimo romanzo scritto da Fëdor Dostoevskij, fino a "Fratelli" dello scrittore ispanista Carmelo Samonà (1926 –1990).

« Ascolti! Io sono appassionato di Cinema! »

« Allora resista, perché le vorrei parlare di alcuni film che trattano il tema dei fratelli e delle sorelle in maniera ambigua, ma altrettanto affascinante. »

Non posso fare a meno di iniziare con un film tra i più belli del cinema italiano, cioè con "Rocco e i suoi fratelli" (1960, dai racconti di Giovanni Testori), del regista Luchino Visconti (Milano 1906 - Roma 1976), lo stesso grande artista che girò "Il gattopardo" (1963, Palma d'Oro a Cannes), dove riuscì, in una sola pellicola, a riunire tutti i suoi sogni proibiti, inserendo i "suoi" attori più affascinanti e belli: Alain Delon, Mario Girotti (alias Terence Hill), Giuliano Gemma e l'affascinante Burt Lancaster.

« Ma è vera quella storia che raccontava Nino Manfredi? »

« È una storia che l'attore raccontò nel finale della sua carriera, quando ormai poteva permettersi tutto, anche di dire la verità. In parole povere, in un'intervista, disse che Luchino Visconti gli voleva far fare un film, ma che la sera dormendo nello stesso albergo e in stanze comunicanti, Nino Manfredi si chiuse a chiave e con una sedia a bloccare la maniglia, per maggior sicurezza. Durante la notte il regista provò ad aprire la porta, bussando e chiamando l'attore, il quale fece finta di dormire. »

« Nino Manfredi, lo fece poi il film con Luchino Visconti? »

« No, non fece mai un film con il regista, che però lanciò nel cinema tanti altri giovani attori, compresi i suoi grandi amori: Franco Zeffirelli e Helmut Berger! »

In "Rocco e i suoi fratelli", Luchino Visconti amalgama il suo amore per il poeta Rocco Scotellaro (1923 - 1953), insieme alla sua passione per lo scrittore Thomas Mann (1875 - 1955), autore appunto di "Giuseppe e i suoi fratelli" (1934-1944).

Nella pellicola Alain Delon interpreta Rocco, uno dei cinque fratelli lucani che, come le dita di una mano, giungeranno a Milano, dove tenteranno di trovare un lavoro, una casa e l'illusione di una vita agiata. Due fratelli, in particolare Rocco e Simone, intraprenderanno la carriera pugilistica, innamorandosi della stessa donna, che troverà la morte proprio per mano di uno dei due. I fratelli si picchieranno tra di loro, si vorranno bene, si sacrificheranno per la famiglia, si cercheranno e si odieranno, fino alla tragica conclusione. Il film fu osteggiato da parte di alcuni politici democristiani, considerato amorale per via dei temi trattati e infine censurato. Solo recentemente è stato restaurato nella sua forma originale, che finalmente gli riconosce il suo valore artistico, dove nessun fratello l'avrà vinta, ognuno con i suoi rimorsi, ognuno con i suoi pesi, dove tutti si omologheranno, per il bene della famiglia e il proprio. Solamente al più piccolo dei fratelli, forse, rimarrà il sogno di poter tornare, un giorno lontano, alle sue origini, al suo paese, alla serenità delle cose passate.

« Vogliamo provare a incontrare l'anima perversa del nostro sangue? Siamo pronti a immergerci totalmente in quegli angoli nascosti e mai confessati di noi stessi? »

Ci sono pratiche della nostra anima, che difficilmente possono essere scritte e archiviate, così, senza bagnarci in acque sacre, in grado di purificare i nostri pensieri.

« Miei cari fratelli e sorelle, ovunque voi siate, trovate, se volete, il tempo necessario e il giusto coraggio per far fronte alle responsabilità di un viaggio all'interno della vostra musica preferita, dei vostri libri e poesie del cuore, dei vostri film prediletti e di voi stessi. »

DUE

La parola fratello deriva dal latino "frates", a sua volta simile al sanscrito "bhratar", che sembra sia legata al concetto di mantenimento e nutrizione. In teoria è proprio quando viene a mancare la figura paterna o materna, che il fratello dovrebbe intervenire per guidare e aiutare, generalmente, il fratello minore, ma questo non è specificato. Mio fratello, di fatto, è stato il mio padrino alla mia prima comunione, sicuramente un errore dovuto alla poca attenzione da parte dei nostri genitori. La giovane età di mio fratello non permise alcun approfondimento della funzione, anzi fu solo un ruolo imbarazzante e mai svolto.

> Nel 1874 Francis Galton, il più giovane di nove figli, analizzò un campione di scienziati inglesi e scoprì che i primogeniti erano i più rappresentati rispetto agli altri. Si fece così l'idea che il motivo fosse da ricercare nel fatto che i figli maggiori beneficiano di un trattamento privilegiato da parte dei genitori, che dà loro un vantaggio, anche da un punto di vista intellettuale, nella vita. Cinquant'anni dopo, lo psichiatra Alfred Adler, secondo di sette figli, allargò questo concetto ai tratti della personalità, sostenendo che sia i primi che gli ultimi figli, costantemente in lotta per la superiorità e per guadagnarsi le attenzioni dei genitori, erano più inclini a diventare nevrotici, mentre i figli di mezzo sarebbero cresciuti più equilibrati e tranquilli. Questa sua teoria fu causa di un'accesa disputa e della rottura con Sigmund Freud, padre della psicanalisi e a sua volta primogenito, che non la accettava. [...] Anche la nuova ricerca conferma questo vantaggio per chi nasce prima: in sei casi su dieci il primogenito sarà leggermente più intelligente del secondo. Ma nei restanti quattro, chi è nato dopo risulterà comunque più intelligente del fratello maggiore. (C. Palmerini, Meglio essere fratelli maggiori o minori?, Focus.it, 2015)

Il sorriso ci dovrebbe far comprendere che ogni cosa è contestabile, ma l'importante è possedere la giusta lucidità per tirare avanti senza remore. Per fortuna che, oltre che a essere un fratello minore, sono stato anche un padre di due figli, una ragazza e un ragazzo. In teoria, quindi, dovrei avere le carte adatte per esaminare le cose dal giusto punto di vista, in realtà non è detto. Iniziamo dai luoghi comuni, quelli più diffusi riguardano i vestiti che il fratello minore, via via che cresce, indossa come eredità venuta dal fratello maggiore. La cosa riguarda non solo gli indumenti, ma tocca anche gli oggetti più svariati, giocattoli, pattini, palloni, biciclette, motorini, auto e così via. Personalmente ho ereditato un motorino "Cimatti", motore "Franco Morini" di un verde orrendo, direi pantagruelico. Mio fratello lo aveva letteralmente fuso, infatti, era un due tempi, con una cilindrata di 50cc e con il quale aveva fatto un viaggio senza mai fermarsi per farlo raffreddare. Insieme con lui ho conosciuto Roma e i suoi dintorni, ogni tanto lo prendevo e, senza nessuna metà ben precisa, andavo verso l'infinito, con l'unico freno dei soldi da spendere in miscela (carburante e olio). Altra leggenda metropolitana è che il fratello minore ottiene facilmente tutto ciò per cui il fratello maggiore ha dovuto lottare, dal cellulare al permesso di ritornare a casa tardi. Mio fratello non usciva mai la sera, forse mio fratello aveva pochissimi amici, ricordo Sica, Barrei e Valdoni. I nomi qui citati sono chiaramente di fantasia, ma il primo lo attirava perché era un ragazzo ai limiti della legalità, con un padre con precedenti giudiziari, il secondo distribuiva gelati al cinema Brancaccio in via Merulana, per poi suicidarsi in età più matura, mentre il terzo abitava in via Napoleone III a due passi da noi, suonava la tromba e non è morto, ma era e, spero ancora sia, un ragazzo solare. Sica fu quello che preoccupò di più mia madre, per la paura che potesse mettere mio fratello sulla cattiva strada, ma sarebbe stato più probabile il contrario, perché la moralità di quest'ultimo è stata sempre al di sopra di ogni umana comprensione.

Mi sono sempre chiesto che tipo di fratello sono stato? Non credo un buon compagno, perché col tempo è cresciuta in me la convinzione che mio fratello non avesse bisogno di un fratello. Da ragazzo provavo gioia nel far ridere mio fratello, questo poteva avvenire a Natale o durante i rari incontri conviviali, poi con gli anni è venuta meno la mia orrenda voglia di far ridere, e così mi sono reso conto che la sua intelligenza aveva avuto la meglio su tutto il resto.

Ricordo di una volta che andammo a visitare una miniera di rame nei pressi della Vetta d'Italia, una montagna delle Alpi Orientali situata al confine tra Austria e Italia. Il museo provinciale delle miniere si trova a Predoi, in cima alla Valle Aurina, in Alto Adige.

Il problema è che per far ridere mio fratello occorreva prenderlo bonariamente in giro, questo perché lui era fatto di un'incantevole sostanza, delicata e quasi ingenua e nello stesso tempo spietata e assai ferrata in materia di sentimenti. Senza andare a ricercare ardue vie, ci infilammo in una sorta di trenino, il quale, in meno di un'ora, ci avrebbe fatto visitare l'intero sito. Bisognava equipaggiarsi con mantelline impermeabili ed elmetti di plastica antinfortunistici, prima di scendere nelle viscere della terra. Nei cunicoli c'era parecchia umidità, spesso cadevano gocce di acqua mentre il trenino prendeva la sua via. Io ero posto dietro mio fratello e accanto avevo mio figlio, e non capisco ancora perché trovassi divertente "sputacchiare" mio fratello da dietro, sul suo collo bianco, per poi dare la colpa alle infiltrazioni d'acqua che cadevano dall'alto. Credo che in quei giorni, mio figlio abbia voluto assai bene a suo zio, perché lo trovava simpatico e anch'io.

Il tema unitario delle canzoni è quello degli emarginati, ma non tanto quelli tradizionalmente riconosciuti, come i sottoproletari, gli alcolisti, i drogati, quanto noi stessi. Pochi si occupano delle cosiddette persone normali. Pensa solo a un incidente per strada, con la gente che scappa per paura che la polizia faccia perdere tempo. Questo è *Mio fratello è figlio unico*, una persona tutto sommato normalissima. Mi piace esasperare le cose, amo i paradossi. In fondo, Ionesco, uno degli autori teatrali che preferisco, è tutto un paradosso. Dire che mio fratello è figlio unico perché è convinto che esistono ancora gli sfruttati, i malpagati e i frustrati non è demagogia. (da un'intervista a Rino Gaetano nella rivista Ciao 2001 del 1976)

I libri hanno fatto di mio fratello un uomo differente, per prime sono arrivate le poesie, ricordo i tomi invenduti di "Secoli di gioventù", segregati nell'armadio di casa, il libretto di poesie che non compare nell'elenco delle sue opere, anche se poi nel 2004 per Mondadori uscirà un romanzo con questo titolo. Mi piaceva l'immagine di un gettone telefonico, di quelli in funzione fino al 2001, un disco di metallo un tempo utilizzato per il pagamento delle telefonate, in particolare nelle cabine, ormai in via di demolizione anche quelle.

Ricordo quando risposi al telefono e mi parlò il poeta Attilio Bertolucci (San Prospero Parmense, 18 novembre 1911 – Roma,

14 giugno 2000) alla ricerca di mio fratello. Si trattava di un poeta, quintogenito, "che la critica considerava dal 1950 tra i grandi del Novecento italiano" e padre anche di Bernardo, il regista di "Ultimo tango a Parigi".

Ho risposto, forse, al telefono di casa, anche agli scrittori Enzo Siciliano (1934 – 2006) di cui ho letto in seguito il saggio "Vita di Pasolini" (1978) e Franco Cordelli (1943) di cui avevo assai apprezzato il suo romanzo "Le forze in campo" (1979). Insomma, in quegli anni io ho svolto, poche volte, anche la funzione di centralinista, mio padre assai di più. Tutto questo mi ricorda il padre di Pierpaolo Pasolini, che faceva la stessa cosa per suo figlio, e il film "Scusate il ritardo", dove l'irresistibile attore napoletano Massimo Troisi (1953 –1994) interpreta il personaggio di Vincenzo, che vive una vita frustrante e ripetitiva, spesso costretto a essere, suo malgrado, centralinista di suo fratello Alfredo.

> Vincenzo: «Senti Alfredo, cioè, nuje avimme pensato, tutte quante nuje, i figli, tutte quante accussì, avimme pensato, poiché venerdì è o' compleanno e' mammà, no? Non lo so, ce vulevemu fa' nu regalo, tutte quante insieme, no? E niente, avimm pensato e' ce fa a televisione, sta sempre annanz' a televisione, però tiene chille colori ca... a televisione fa nu pocu... e... niente, avimme pensato e ce fa tutte quante nuje, Patrizia e tutte cose insieme metteveme 5.000 lire io, 5.000 lire Patrizia e nu milione e due tu...» (dal film diretto e interpretato da Massimo Troisi, Scusate il ritardo, 1982)

« Questa volta la morte bussà forte alla porta di mia madre. È il 22 settembre 2017 e vedo la mia mamma scomparire in un letto di dolore! »

Le mie parole, dette agli amici che mi chiedono notizie, suonano artefatte, prive di ogni logica divina, dove a ogni persona, che si affaccia nella stanza, viene immediato un pensiero.

« Io non voglio fare questa fine! »

Lo Stato italiano non lo permette, è lui a decidere come un italiano deve nascere e come deve morire. Nella tortura e nell'agonia.

TRE

Ho dormito accanto a mio fratello per oltre ventiquattro anni, io nel mio letto e lui nel giaciglio di fronte e, in un periodo breve, anche uno sopra l'altro, in una sorta di letto a castello. Credo sia venuto il momento di scrivere di tutti questi anni, lo devo a me e alla mia famiglia, con quell'amore immenso per i libri e la cultura che si viveva in quel microclima che era la nostra casa. Non so se sia comune crescere insieme a uno scrittore, non so neanche se sia giusto farlo, senza nominarlo mai, oppure parlandone così, quasi senza ritegno alcuno, senza porsi le domande che, in questi casi, bisognerebbe farsi. Che cosa fa di un ragazzo un uomo degno di questo nome e magari un grande scrittore, mentre suo fratello non eredità altro che insicure, blasfeme forme di ansiogeno ritegno? Invidia e spirito di emulazione possono porsi come elemento di frattura nei rappporti familiari? Lo sguardo sereno di nostro padre, che ci porta oltre ogni limite di trasparente comprensione, continua a illuminare almeno uno di noi due e ci porta lentamente, assai pigramente, verso luoghi incontaminati a due passi dalla verità, mai assoluta. La solitudine, un immenso eremo, freddo, agghiacciante creatura con sangue e sistema autonomo, vita pensante e cuore pulsante. Qualcosa che ho sentito tanto tempo fa, quando a ridosso di Messina, in Sicilia, durante il Festival del Cinema di Taormina registrato anche in televisione, un uomo, solo, parlò della sua esperienza.

Voi sapete che io ho la nomina (non di senatore, per carità) di essere un orso. Ho un carattere spinoso, che sfuggo... sono sfuggente. Non è vero. Se io non fossi stato sfuggente, se non fossi stato un orso, se non fossi stato uno che si mette da parte, non avrei potuto scrivere cinquantacinque commedie. Insisto col dire: il Teatro, se lo si vuol fare seriamente, è altruistico non egoistico; l'altruismo ritorna, l'egoismo ti manda all'altro mondo. Questo l'ho fatto perché così è la mia vita, così come sono nato, così come mi hanno insegnato i maestri di un tempo. Perché sono venuto qui stasera? Eh beh, certo me ne sarei stato a casa, come ho fatto sempre, a scribacchiare qualche ultimo pensiero, qualche ultima follia. Ma ho detto: no. Io ci devo andare perché è la festa dell'arte, è la festa degli attori, e finalmente li voglio guardare in faccia, tutti quanti. Voglio, voglio vedere anch'io il teatro dalla platea, voglio anch'io vedere il teatro che cammina, voglio vedere il teatro che non si arrende, che va avanti con i giovani, con gli anziani, con i vecchi come me, che va avanti. Ecco perché sono tra voi stasera. Per vedere questa serata di festa. Questo teatro lo conosco; ci sono venuto tanti anni fa, ma non è oggi come allora. Oggi questo teatro deve diventare il trono dell'arte. L'abbiamo inaugurato noi, con le nostre forze, con i nostri sacrifici, perché fare teatro sul serio significa sacrificare una vita. Sono cresciuti i figli ed io non me ne sono accorto. Meno male che mio figlio è cresciuto bene. Questo è il dono più grosso, più importante che ho avuto dalla natura. Senza mio figlio, forse, io me ne sarei andato all'altro mondo tanti anni fa. Io devo a lui il resto della mia vita. Lui ha contraccambiato in pieno. Scusate se faccio questo discorso e parlo di mio figlio. Non ne ho mai parlato. Si è presentato da sé, è venuto dalla gavetta, dal niente, sotto il gelo delle mie abitudini teatrali. Quando sono in palcoscenico a provare, quando ero in palcoscenico a recitare, è stata tutta una vita di sacrifici. E di gelo. Così si fa il Teatro. Così ho fatto! (E. De Filippo, Teatro Antico di Taormina, 15 settembre 1984)

Quanto ho amato le commedie di Eduardo De Filippo (Napoli, 24 maggio 1900 – Roma, 31 ottobre 1984), il suo gelo e la sua solitudine affollata da un pubblico immenso e dai molteplici personaggi delle sue opere. Ho letto le sue commedie, sono stato testimone e spettatore delle intepretazioni di altri attori, da Toni Servillo (1959) a Luca De Filippo (1948 – 2015).

Napoli è veramente, come diceva Benedetto Croce, "un paradiso abitato da diavoli" e non solo, un rimprovero che è bene credere «verissimo per far che sia sempre men vero». Per me i napoletani sono stati per tutti gli anni dell'infanzia quelli che avevo visto in televisione in una trasmissione conosciuta come "Chissà chi lo sa?", trasmessa su Rai uno, per la regia di Cino Tortorella. Andava in onda il sabato pomeriggio a partire dalle 17,45, condotta da un presentatore di nome Febo Conti (1926 –2012). Credo di ricordare che al centro di tutto ci fosse in ogni puntata, generalmente, la sfida tra due classi delle scuole medie di città diverse. Quando vidi i ragazzi della classe rappresentante, la città di Napoli, li trovai assai educati, preparati e con una buona padronanza della lingua italiana. Qualche anno dopo mia madre ebbe l'idea di farmi respirare, durante le vacanze estive, l'aria buona di fuori Roma, piuttosto che farmi soffrire la calura della città. Una suora frequentava il negozio che gestiva mia madre e, da una parola all'altra, mi ritrovai in una colonia di Tagliacozzo in Abruzzo. Oggi si chiamano campi estivi, ma le colonie per bambini sono state il fulcro del fascismo così come della Democrazia Cristiana. Arrivai tra i primi alla colonia di Tagliacozzo e non c'era nessuno, mi ritrovai in un ampio stanzone quando nel primo pomeriggio, mentre ero disteso in un riposo forzato sul mio lettino, sentii il rumore di un'onda in piena. Sembrava il ribollire lontano di una tempesta in rapido avvicinamento, non sapevo cosa fosse una mandria in grado di salire i gradini dei vari piani della colonia, se non per aver letto da ragazzino le avventure di Tex, ma il vociare e le grida arrivarono rapide e improvvise. Erano i figli degli operai della *Pirelli* provenienti dalla Campania, misti ai ragazzi della *Contraves* di Roma. La Contraves, fondata a Roma nel 1952, è stata un'azienda svizzera di alta tecnologia, che ha cambiato nome in Oerlikon Space AG nel 1990. I prodotti principali erano missili a breve raggio, per i paesi NATO. La "Pirelli & C." fondata a Milano nel 1872 dall'ingegner Giovanni Battista Pirelli, negli anni settanta produceva penumatici di ottima qualità, poi vennero lo scandalo Telecom-Sismi e la secolare giustizia all'italiana. Due grandi aziende di allora, che, com'era abitudine, offrivano, ai propri impiegati e operai, la possibilità di mandare i loro figli in colonia quasi gratuitamente. Fu lo scontro di due culture, i ragazzi napoletani parlavano un dialetto stretto, incomprensibile ai romani e, ognuno era chiuso nelle proprie abitudini, fu subito guerra. Un conflitto fatto di sassaiole, risse continue, furti di ogni tipo, vessazioni e alterchi di varia natura, il tutto gestito da Alfredo, ragazzino napoletano con doti di vero camorrista e giustiziere di strada, opposto a Eros e Maurizio, due ragazzi romani, capi indiscussi delle loro schiere. Pirelli e Contraves combatterono una guerra senza esclusione di colpi, e spesso mi ritrovai a rischiare di essere veramente un vaso di coccio in mezzo a dei titani di acciaio. In quell'occasione mi ritrovai perduto, abbandonato da mio fratello, più grande di me di quattro anni e quindi rimasto a Roma, senza alleati e nessuna esperienza di strada. Un giorno andai al bagno a fare la pipì, sentendomi osservato, mentre avevo aperto la patta dei pantaloni, alzai la testa e vidi il volto di un ragazzo che mi spiava. Mi voltai di scatto e rimettendo a posto il mio membro, aprii la porta del bagno accanto trovando un ragazzino napoletano in cima a una scala appoggiata alla parete. Lo strattonai, forse gli diedi qualche spinta e uno schiaffo e poi lo lasciai andare, non capendo bene perché quel ragazzo avesse bisogno di spiare nell'intimità i suoi compagni. Dopo appena cinque minuti comparvero due ragazzi napoletani, più grandi di me, che mi dissero che Alfredo, il loro capo indiscusso, mi voleva parlare. Arrivando al suo cospetto, io avevo circa dieci anni e lui quattordici, mi chiese spiegazioni del mio comportamento e perché avessi colpito quel ragazzo, che evidentemente si era lamentato con lui. Spiegai cosa fosse successo e ricordo che dissi: "Se lui è frocio, non è colpa mia!". Alfredo ascoltò e poi, molto seriamente, mi fece cenno di allontanarmi, come se avesse da fare altre cose più importanti e da quel giorno non ebbi più nessun problema, anzi feci amicizia con un figlio di un impiegato napoletano, che conosceva l'italiano e con cui potevo parlare serenamente e giocare a pallone insieme. Quel giorno io ho conosciuto la camorra, sembrava una "giustizia" rapida, colma di onestà ed equa, più tardi conobbi anche lo squadrismo. All'epoca non avevo mai fatto vita da strada, non sapevo cosa fosse fare a botte o a pugni, a parte qualche libro di Verne o Salgari, non avevo una cognizione pratica di combattimenti. Ho imparato in colonia a prendere un cazzotto in bocca, senza poter reagire, perché di fronte oltre ad Eros di quindici anni e più alto di me, c'erano Maurizio e altri quattro ragazzi romani tutti intorno e tutti della Contraves. Il motivo del contendere, se non ricordo male, era dovuto al fatto che se non ero della Contraves allora ero napoletano, ma non essendo protetto da Alfredo, allora io chi ero? Un "figlio di mignotta" disse Eros, e a Roma se tocchi i morti o la mamma, non c'è altra soluzione che venire alle mani, anche se io ero un bambino di soli dieci anni. Non fu il dolore del pugno, ma la rabbia di non poter rispondere, ecco perché da allora ho sempre pensato che quando tanti colpiscono uno solo, si diventa squadristi, anche quando usando la forza, si fa bere l'olio di ricino al più debole. Quel giorno è come se fossi passato sotto il torchio della prepotenza fine a se stessa, imparando a reprimere il sordo battere dell'orgoglio, rimanendo in piedi per non essere preso a calci e trovando indifferenza ed eleganza perfino nella sconfitta.

Nel film "Veloce come il vento" (2016) diretto da Matteo Rovere, ispirato alla vita di un pilota di rally, le gare con le auto, la tossicodipendenza, la fratellanza, pone tre fratelli (Loris. Giulia e Nico) di fronte alla reale consistenza dei loro sentimenti, dove l'asprezza della vita non può e non deve far annullare i legami di sangue, destinati a sopravvivere a qualunque differenza caratteriale, bella o brutta, dei protagonisti.

La casa napoletana di Benedetto Croce fu devastata dai fascisti nel novembre del 1926, ma in seguito il letterato fu ignorato e sostanzialmente lasciato in pace. Hitler arrivò a Napoli nel maggio del 1938, mentre un folto pubblico fu schierato lungo via Caracciolo, in attesa del suo passaggio su una macchina scoperta. Lo scoppio della seconda guerra mondiale bloccò l'opera di riforma e mise Napoli a stretto contatto con le operazioni belliche, che produssero pesanti bombardamenti e tutti quei fenomeni così ben descritti (il razionamento dei viveri, la borsa nera, gli allarmi improvvisi, la deportazione) nelle opere di Eduardo De Filippo e in particolare in una delle sue prime commedie più belle: "Napoli milionaria", scritta nel 1945, quando la città sul golfo era stata liberata, ma l'Italia ancora era occupata a nord dai tedeschi. Eduardo De Filippo, aveva già litigato con il fratello Peppino, entrambi figli illegittimi, insieme alla sorella Titina, del grande attore napoletano Eduardo Scarpetta, e in "Napoli milionaria" riuscì a trasfondere la morale di una popolazione da sempre manipolata e abituata al sacrificio per tradizione. La famiglia De Filippo era una macchina complicata, quasi quanto la loro città, basterà citare Peppino De Filippo che nel suo libro, ormai quasi introvabile, *Una famiglia difficile* così descrive suo padre Eduardo Scarpetta:

> Il fatto andò così: avevo sì e no una diecina d'anni, e un giorno, mentre lo "zio Scarpetta" [il padre] ed io seduti nel suo coupè raggiungevamo casa sua per l'ora del pranzo, ad un tratto notai che lo "zio" aveva cominciato a palpeggiarmi in modo strano una

coscia, infilando piano piano la mano sotto i miei pantaloncini corti fino a sfiorarmi e poi toccarmi la parte vergognosa del mio corpo e a giocarci con delicatezza e con tatto pratico. Imbarazzato e anche un pochino piacevolmente turbato, lo lasciai fare fino a quando egli stesso non decise di cessare quella ignobile manovra e tutto finì lì. (Peppino De Filippo, Una famiglia difficile, Marotta, 1977)

La morale di quei tempi è la stessa dei nostri giorni, spesso il genio si fonde con la decadenza e la pedofilia, ma quando è opera di grandi personaggi, più o meno noti, ci si passa sopra e si fa finta di niente. Eduardo De Filippo però non si limita a parlare del decadimento morale di Napoli e di tutta l'Italia di quegli anni, ma tocca anche il tasto della criminalità e lo fa con "Quei figuri di tanti anni fa" e in particolare con "Il sindaco del Rione Sanità", dove le vicende girano intorno al personaggio di Antonio Barracano. Nel 1915 un camorrista di nome Francesco Del Giudice sciolse l'organizzazione criminale che era nata e si era diffusa nell'Ottocento, ma nella sua provincia le tracce dei sistemi camorristici erano ancora presenti. Michele Aria e Giuseppe Barracano si erano trasferiti all'ombra della "Mano Nera" negli Stati Uniti, ma nel 1927 si registrano ben 4.000 arresti nella provincia di Caserta per motivi di camorra. Il fascismo aveva ripulito Napoli, ma le campagne nascondevano ancora i clan che, con l'arrivo degli Alleati e nel dopoguerra, avrebbero avuto la loro rivalsa. La maggior parte delle commedie di Eduardo sono colme del disincanto e dell'amarezza provenienti dall'ambiente familiare, lo si capisce con "Bene mio e core mio", che è una commedia in tre atti scritta da Eduardo de Filippo nel 1955, dove le liti familiari si intrecciano a questioni ereditarie, dimostrando che troppo spesso gli interessi economici sono lo specchio della nostra anima. È troppo semplice avere un cuore puro quando non si possiede nulla da dividere, più complesso è il dirimere le questioni affettive quando di mezzo ci sono interessi personali.

Che cosa vuole rappresentare questa commedia, che l'amore familiare non esiste? Deve esistere, ma non quando si specula su questo amore familiare, non quando si ricatta il parente attraverso l'affetto e il vincolo di sangue, diciamo. No, l'amore deve essere altruismo e non egoismo. Siamo d'accordo in questo. [...] (E. De Filippo introduce in televisione "Bene mio e core mio", 1964)

QUATTRO

In un'intervista, della durata di circa trentatré minuti, incontrata per caso su youtube, ho ascoltato mio fratello rispondere a delle domande, del tipo:

> *Tu perché hai iniziato a scrivere, solo perché sei laureato in lettere?*
> No, no, no, credo di aver iniziato per superare la solitudine della mia infanzia. Perché tutto comincia da mio pade e da mia madre. Io sono uno scrittore autobiografico. [...]
> *Tu vivevi in una famiglia semplice, si può dire quasi povera, ma la povertà culturale è più grande della povertà materiale, nel senso che ti impedisce anche di pensare, essere povero culturalmente?*
> Si! Secondo me, la povertà spirituale, la povertà delle parole, non avere, diciamo, gli strumenti per elaborare quello che uno ha vissuto, è molto importante e forse anche più profonda la ferita rispetto alla povertà economica. Io, quindi, ho dovuto conquistarmi le parole, perché a casa mia non c'erano libri, quindi io ho dovuto lottare, ho dovuto strappare, diciamo, la conoscenza fuori e dentro di me, ho dovuto dare le parole..., trovare dentro di me le parole che i miei genitori non erano riusciti a dire, in primo luogo a se stessi, e prima ancora a me e a mio fratello! [...] ([Mio fratello] si racconta a SOUL, Tv2000.it, pubblicata su youtube il 2 febbraio 2016)

L'intervista andata in onda in televisione e, successivamente pubblicata su youtube è assai lunga, variegata e profonda. Non entro nel merito generale dell'argomento, però certo come testimone oculare qualcosa potrei accennare, il perché farlo, magari è discutibile, spero non abbia a che fare con l'invidia tra fratelli, sarebbe avvilente.

Mio fratello parla della solitudine della sua infanzia, lo fa all'inizio del suo discorso, parte da qui il suo percorso e non è un caso. Una solitudine dovuta al fatto che mia madre usciva alle otto della mattina, per ritornare la sera insieme a nostro padre. Durante la giornata ho il ricordo della tata Fulvia, cioè della bambinaia, che venendo da Staffoli, vicino a Petrella Salto, mi ha accompagnato durante la mia infanzia. Non possiedo nessuna immagine che mi vede accanto a mio fratello, a momenti di gioco con lui, forse nella casa in cui vivevo lui non c'era. Ma dove è stato mio fratello in tutti quegli anni? Ho un immagine di lui a tavola, davanti alla televisione, ma giocare con lui non è stato possibile, se non assai raramente. Ho sempre attribuito la colpa al fatto che tra lui e me ci sono tre anni e mezzo di differenza, quindi quando io giocavo con i soldatini, magari lui era in camera a leggere i suoi libri oppure a studiare. Uno dei pochi ricordi che possiedo riguarda dei soldatini, per colpa dei quali non ci siamo rivolti la parola per anni, anche per merito della mia infantile vendetta nei suoi confronti, cioè avergli strappato e gettato nel cestino dell'immondizia un libro di John Steinbeck, credo "Uomini e topi", nell'edizione Bompiani. Sarà che io ho sempre amato "Vicolo Cannery" o "la Santa Rossa" rispetto a "Furore".

L'intervistatrice nella sua seconda domanda dice: "*Tu vivevi in una famiglia semplice, si può dire quasi povera ...*". L'asserzione mi stupisce perché mio fratello, quando è nato, ha vissuto in via Filippo Turati a Roma, poi, nel tempo, siamo passati a via Renzo Rossi sulla Tiburtina. Quando abbiamo iniziato ad andare alle scuole superiori, in via Napoleone III, i miei genitori già possedevano un negozio a Piazza Vittorio, due appartamenti a Roma, una villa in montagna al Serrone (Frosinone) e una monocamera nel grattacielo di Nettuno, senza contare un magazzino, un'auto familiare, prima una Lancia Fulvia e poi una Lancia Beta. Bella impresa per due genitori orfani e privi di qualunque mezzo di sostentamento, ma nell'Italia dell'Oscar alla lira potevano ancora avvenire dei miracoli.

Risolta la questione della povertà materiale, rimane quella culturale, in effetti, i miei genitori avevano entrambi solo la licenza elementare. Ricordo che mia madre dovette ripetere l'esame per la quinta elementare in tarda età, perché non risultava la licenza andata persa durante la seconda guerra mondiale. La licenza elementare serviva per ottenere un'autorizzazione commerciale, quindi mia madre fu costretta a ripetere l'esame insieme ai bambini.

Mio fratello dice "a casa mia non c'erano libri". Si racconta che un giorno mio padre, stufo di fare la fame, entrò nella sua sezione a Roma del Partito Nazionale Fascista mostrando la tessera in cerca di una raccomandazione. Gli chiesero che studi avesse fatto e che lavoro specializzato sapesse svolgere. Aveva, purtroppo, solo la volontà di "faticare", e così il lavoro proposto fu quello di spazzino, all'epoca ritenuto forse l'ultimo scalino della scala sociale. Mio padre uscì sconsolato e poi fece quel che fece, ma da allora si ripromise che se avesse avuto dei figli, li avrebbe voluti studiosi, in grado di saper nuotare, ballare, andare a cavallo, guidare un'auto e tanto altro ancora. Mio fratello l'ha soddisfatto in pieno e quel poco che a lui è mancato (figli), l'ho realizzato io e, grazie a mio padre e a mia madre, a casa nostra il benessere non è mai mancato e i libri ci sono cresciuti intorno, moltiplicandosi fino a quando non sono spariti tutti all'improvviso, insieme a mio fratello.

Rileggendo quanto scritto sopra, ne traggo una sensazione malcelata di orgoglio familiare, quasi di risentimento, cioè in quello che scrivo, sembra quasi che io sia orgoglioso di quanto fatto dai miei genitori, specie da mio padre, e voglia, per questo, sconfessare mio fratello. Speriamo che nel corso del libro, il tutto si possa chiarire, in particolar modo a me stesso. Le cose non sono mai tutte nere o tutte bianche, credo che sia la zona grigia, la parte più interessante, in mancanza di una verità assoluta mi piace credere che, secondo le persone, cambi anche la versione dei fatti.

Nella pellicola "Cavalli" (2011), del regista Michele Rho e tratta dall'omonimo racconto di Pietro Grossi, il rapporto tra fratelli si stende, in maniera fin troppo glabra, lenta e pretestuosa per condurci, tra campagna e boschi, verso l'amore per i cavalli, fonte di tragici eventi e riavvicinamenti improvvisi.

Nel film "Meyerowitz Stories" (2017), diretto da Noah Baumbach, tre fratellastri (Adam Sandler, Ben Stiller ed Emma Thompson) si confrontano con la figura di un papà scultore (Dustin Hoffman), di non eccezionale talento e forse un cattivo padre, anche se impossibile da non assolvere e perdonare.

Io ricordo che a casa mia c'erano tanti libri di Curzio Malaparte, se vado a memoria, trovo "Maledetti toscani", "Kaputt", "La Pelle", oppure i romanzi di Anna Maria Ortese. Altra peculiarità erano i casi letterari, spesso appartenenti a un tipo di letteratura particolare, ricordo Antonino Trizzino con il suo "Navi e poltrone" del 1952, "Passione di gioventù" (1969) di Bert Ehrlich, "Love Story" (1970) di Erich Segal, Papillon" (1970) di Henri Charrière e "Il gabbiano Jonathan Livingston" di Richard Bach sempre del 1970. Non erano certo i classici della letteratura russa, però da piccoli potevamo contare sui libri della collana "I Birilli", dell'editore De Agostini, come dimenticare le versioni non integrali di "Kim" di Rudyard

Kipling, "Le avventure di Tom Sawyer" dello scrittore statunitense Mark Twain, oppure "Moby Dick" di Herman Melville. Senza contare le tante enciclopedie dei ragazzi, tipo "Conoscere" oppure il Devoto-Oli, vocabolario illustrato della lingua italiana in due volumi, edito dalla Reader's Digest nel 1970. I tanti libri illustrati sulla preistoria, sugli animali, gli atlanti geografici e storici e poi i libri che ci venivano regalati per i compleanni e le festività. All'epoca i libri non costavano poco, noi ragazzi scoprimmo in seguito le bancarelle dell'usato e gli e-book ancora dovevano venirci incontro, però ricordo un libro importante per mio fratello. Arrivò di Natale, si trattava di un librone sul giornalismo, una sorta di manuale, agenda, saggio, a cui mio fratello teneva molto, ed io non credo di essere mai riuscito ad avvicinarlo più di tanto. I libri di mio fratello erano collocati su tre grosse mensole, sopra il suo letto, piano piano nel tempo si riempirono tutte. Quando andò a vivere a Guidonia, i libri sparirono tutti, sia i suoi sia quelli di mio padre, rimasero solo le enciclopedie per ragazzi.

Fuggirono i libri di Lev Tolstoj (1828 – 1910), che aveva avuto quattro fratelli:

> Chi sono io? Uno dei quattro figli di un tenente colonnello in pensione, rimasto orfano a sette anni, allevato da donne e da estranei e che, senza aver ricevuto alcuna educazione mondana né intellettuale, a diciassette anni è entrato nel mondo. (Lev Tolstòj, I giganti, Mondadori, 1970)

Insieme con lui disertò prima Gustav Flaubert (1821 – 1880), che aveva avuto un fratello e una sorella, oltre ad altri tre fratelli morti in tenera età, e poi evase Ernest Hemingway (1899 – 1961), con un fratello e una sorella, tutti e tre morti per suicidio.

Vorrei poter dar da mangiare al pesce, pensò. È mio fratello. (E. Hemingway, Il vecchio e il mare, 1952)

CINQUE

La maggior parte dei libri, scritti da mio fratello, possiedono un titolo che fa riferimento direttamente o indirettamente alla guerra, ai campi di battaglia e al sangue versato. Veglie d'armi, soldati, bandiere bianche, patti giurati e campi di sangue, si alternano a foto di copertine che ritraggono militi e uomini pericolosi. Sembra ci sia veramente un legame iniziale, proteso allo scontro e al tributo di sangue tra fratelli.

Fratelli? Sì, certo. Non importa se ce n'è dei riluttanti; infidi, tardi, cocciuti, divisi; così devono essere i fratelli in questo mondo che non è perfetto. E accanto a quello che brontola o si ritrae diffidente, ci son tutti quelli che si aprono a un sorriso istintivo nell'incontrarmi – sorriso semplice e lieto che ha vent'anni un'altra volta sui volti cambiati, colle pieghe fisse e la barba aspra dell'uomo già logoro –; quelli che mi stendon la mano dura con una timidezza affettuosa; quelli che posano sopra di me i loro occhi in po' turbati con un senso di improvvisa fiducia, come avendo ritrovata, nel momento dubbioso, la loro guida di ieri... Guida da poco: ma io andavo avanti, e loro dietro. Così si farebbe ancora. L'uomo non ha bisogno di molto per sentirsi sicuro. Purché si vada! Dietro di me son tutti fratelli quelli che vengono, anche se non li vedo o non li conosco bene. Mi contento di quello che abbiamo in comune, più forte di tutte le divisioni. Mi contento della strada che dovremo fare insieme, e che ci porterà tutti egualmente: e sarà un passo, un respiro, una cadenza, un destino solo, per tutti. Dopo i primi chilometri di marcia, le differenze saranno cadute come il sudore goccia a goccia dai volti bassi giù sul terreno, fra lo strascicare dei piedi pesanti e il crescere del respiro grosso; e poi ci sarà solo della gente stanca che si abbatte, e riprende lena, e prosegue; senza mormorare senza entusiasmarsi; è così naturale fare quello che bisogna. (Renato Serra, Esame di coscienza, 1915)

La storia dell'uomo, ancor oggi, è una sequenza infinita

di battaglie, non vi è stato mai un attimo di tregua e ancora viviamo compressi da una serie di guerre in tempo di pace. In qualunque epoca storica siamo coinvolti, non dobbiamo mai dimenticare che, troppo spesso, la storia la scrivono i vincitori e solo dopo tanti anni argomenti come il Risorgimento o il problema delle foibe, ridiventano materia di studio e di polemica. Sono tante le battaglie, le guerre, i conflitti militari che non conosciamo o di cui abbiamo sentito parlare poco, e perfino alcune pandemie influenzali, come la febbre spagnola, possono avere avuto una tragica diffusione da conflitti e guerre.

L'arte della guerra col passare dei secoli si è modificata, si è adeguata alle armi e ai mezzi militari messi a disposizione dalle invenzioni e dalla ricerca militare, passando dalla freccia alla guerra spaziale. Le modalità belliche si sono diversificate in un susseguirsi di cambiamenti a volte stupefacenti e sicuramente di non facile comprensione nei loro meccanismi di causa ed effetto. Viaggiando di secolo in secolo, possiamo dimostrare che ogni epoca storica ha visto la rinascita dell'arte militare, sia sotto la forma della strategia e della tattica sia con l'invenzione di nuove armi e mezzi militari. In questo correre veloce, dall'antichità ai giorni nostri, non dobbiamo tralasciare di accennare al pathos, inteso in senso epico. In epica, quando si parla di pathos, s'intendono quelle sequenze della vicenda più cariche di emozioni, di sofferenza. In ogni singola battaglia, in ogni singolo conflitto lo troverete descritto; leggerete di tattiche, di strategie, di armi, di mezzi militari, di personaggi, di vicende, di numeri e di perdite, ma è la sofferenza e l'emozione, che dovrete cercare tra le righe. Nell'interpretazione dei dati e degli avvenimenti si rivelerà il pathos suscitato nel lettore.

> I grandi scrittori sono immortali, si dice, e la cosa come al solito è vera solo per le categorie privilegiate. Il fatto è che dopo solo 100 anni essi sono già morti per le categorie più umili (appunto gli operai adulti e i ragazzi che non seguiteranno gli studi). Dopo 200 anni son morti anche per i ginnasiali. Dopo 600 anni se si chiamano Dante vivono a stento (con più note che testo) per i figli di papà nei licei. (Lorenzo Milani, "Lettera a una professoressa" – LEF, 1967)

Un altro film sul rapporto tra fratelli è "Segreti di famiglia" (2009) scritto, prodotto e diretto da Francis Ford Coppola, dove il regista sulle tracce delle proprie origini e dei propri problemi familiari, riassume le delusioni, i sogni e le promesse mancate tra due fratelli. Le stesse problematiche che sono presenti in "Natale a casa Cupiello", la commedia di Eduardo De Filippo del 1931. Le persone le divido in quelle che amano il presepe e in quelle che adorano l'albero di Natale, senza contare chi non stravede per entrambi. Non c'è poi molto di religioso nel mio presepe, tenendo conto che ci sono arrivato tramite la guerra, attraverso la passione per il modellismo, il wargame, le simulazioni militari, i giochi di ruolo, i boardgame, i giochi di comitato, il dipingere soldatini di piombo, il progettare plastici e tavoli per simulazioni militari. Sicuramente anche De Filippo e le sue commedie hanno fatto la loro parte, ma poi per me l'arte e l'idea di una famiglia forte e convinta delle proprie idee (pronta a fuggire pur di salvare anche un solo membro, quello apparentemente più debole), hanno prevalso su tutto il resto.

Partiamo dal presupposto che la festa del Natale è molto più antica del Natale cristiano, essendo comune a diversi popoli il mito solare di un divino Bambino partorito in una grotta da una Madre vergine. Nel corso di due millenni il nostro Natale ha aggregato significante e rimandi, accogliendo sincreticamente un tessuto simbolico di notevole complessità storica e religiosa. [...] I nostri tempi sono caratterizzati dalla perdita della memoria storica e simbolica di tanti aspetti e avvenimenti della nostra vita. Anche il presepe napoletano in conseguenza della perdita del senso del Natale e della antica cultura del presepe, è diventato solamente una ostentazione piccolo-borghese, ma senza riferimenti al vero significato misterico-simbolico. Il presepe napoletano popolare, oggi quasi del tutto scomparso, rappresenterebbe una sorta di incrocio, di contaminazione tra la religione cristiana e i culti pagani più vari. Per questo motivo può accadere che le stesse scene o pastori si prestino a diverse interpretazioni. Non è raro il caso in cui esse contrastino tra di loro. Il presepe napoletano tradizionale è impostato come il viaggio che Dante, accompagnato da Virgilio, simbolo della ragione umana, compie alla ricerca della salvezza, percorrendo con lui l'inferno. [...] (R. De Simone, Il presepe popolare napoletano, Einaudi, 1998)

Mario Rigoni Stern (1921 –2008), amico, nei suoi ultimi anni di vita, di mio fratello, che gli aveva curato l'edizione completa delle sue opere per Mondadori, combatté come alpino nella divisione Tridentina, nel 1940 contro la Francia, poi in Albania, in Grecia e in Russia, dove partecipò da volontario all'operazione Barbarossa contro l'Unione Sovietica. Rigoni Stern ancora nel maggio del 1942 salutò la campagna militare contro l'Unione Sovietica con le parole:

Non vi è stata una guerra più giusta di questa contro la Russia sovietica: sì, questa guerra che facciamo è come una santa crociata e sono contento di parteciparvi, anzi fortunato. (Tratto da Pierantonio Gios, Fascismo, guerra e Resistenza sull'Altopiano, Asiago, Tipografia Moderna, 1995)

In seguito fu fatto prigioniero dai tedeschi dopo l'8 settembre 1943 e imprigionato nella Prussia orientale, rifiutando di aderire alla Repubblica Sociale Italiana e cambiando idea su tutta l'intera faccenda, ma conservando il suo amore per le montagne e gli alpini.

Ho ancora nel naso l'odore che faceva il grasso sul fucile mitragliatore arroventato. Ho ancora nelle orecchie e sin dentro il cervello il rumore della neve che crocchiava sotto le scarpe, gli sternuti e i colpi di tosse delle vedette russe, il suono delle erbe secche battute dal vento sulle rive del Don. Ho ancora negli occhi il quadrato di Cassiopea che mi stava sopra la testa tutte le notti e i pali di sostegno del bunker che mi stavano sopra la testa di giorno. E quando ci ripenso provo il terrore di quella mattina di gennaio quando la Katiuscia, per la prima volta, ci scaraventò addosso le sue settantadue bombarde. (Mario Rigoni Stern, Il sergente nella neve, Einaudi, 1965)

La guerra ci appare come il desiderio di aumentare le proprie risorse, per poi difenderle. Il grande sviluppo della tecnologia occidentale ha dato il via a una serie di regolamenti di conti fra le potenze occidentali, attraverso conflitti (su tutti le due guerre mondiali) e rivoluzioni. Il XXI secolo si presenta con la maggior parte dei problemi militari irrisolti e con ben oltre 24-29 conflitti nel 2007, con 45 guerre nel 2013 e 67 stati nazionali coinvonti in conflitti ufficiali nel 2016.

SEI

Se c'è una cosa che ho appreso da mio fratello, è il fatto che gli scrittori e gli artisti in genere non si giudicano dalle loro vite, più o meno delinquenziali, ma dalle loro opere. Credo che tutto sia partito quando, da ragazzino, il mio giudizio su Pier Paolo Pasolini (1922–1975) fu corrotto, non tanto dalla sua omosessualità, ma dalla sua pedofilia. Io lo ritenevo un personaggio infimo e mio fratello un intellettuale e un bravo scrittore, con il tempo ho imparato a non giudicare le persone e a usufruire delle loro idee.

Camminando da Palazzo d'Accursio, passando di fronte alla fontana monumentale del Nettuno, che si trova a Bologna in piazza del Nettuno (adiacente a piazza Maggiore), provate ad allungarvi fino a via dell'Indipendenza, angolo via Francesco Rizzoli. All'altezza del locale Canton de' Fiori e di un McDonald's, trovate una sorta di porta spazio-temporale, che avrebbe potuto cambiare la storia d'Italia. L'evento porta il nome di un ragazzo sedicenne, Anteo Zamboni, che, alle 17,40 di domenica del 31 ottobre 1926, sparò, secondo la versione ufficiale, a Benito Mussolini. L'attentato non si è mai chiarito del tutto, perché il ragazzo fu da prima bloccato e poi linciato, seviziato e da morto impiccato. Uno dei primi a bloccare il ragazzino è stato Pasolini, non il poeta Pierpaolo ma il padre, l'allora tenente Carlo Alberto Pasolini del 56° fanteria, che era di servizio con il suo reparto in quel tratto di strada. Lo scempio fatto sul corpo del ragazzo, preso a calci e a baionettate, in realtà non rese un servizio a Mussolini, scampato alla morte per pochi centimetri, perché non si riuscirono a scoprire i reali mandanti di quel tentativo maldestro. Le squadre di fascisti che intervennero, infatti, erano quelle di Leandro Arpinati, che aveva avuto dei legami con lo Zamboni, si poteva ipotizzare, quindi, una tesi di complotto interno al fascismo stesso e ai suoi gerarchi. Il processo alla fine lasciò molti dubbi, anche allo stesso Mussolini che ebbe modo di dire secondo Arrigo Petacco:

> Degli attentati da me subiti, quello di Bologna non fu mai completamente chiarito. Certo che me la cavai per miracolo. L'esecutore, o presunto tale, fu invece linciato dalla folla. Con questo atto barbarico, che deprecai, l'Italia non dette certo prova di civiltà. (Petacco A., L'uomo della provvidenza, Milano, Mondadori, 2004)

Nelle borgate romane lo scrittore Pierpaolo Pasolini ambientò alcuni dei suoi romanzi più intensi, come "Una vita violenta" oppure girò uno dei film più amari della cinematografia italiana, come "Accattone". Il più grande intellettuale italiano del dopoguerra è morto assassinato, dopo aver avuto un rapporto sessuale con un minorenne, e ancora oggi si pensa che siano stati i fascisti ad averlo ucciso e non la sua ossessione verso un ragazzino riccio, che gli ricordava, in maniera così spasmodica, il grande e unico amore della sua vita, protagonista di tanti dei suoi film.

> Quando non si è sinceri bisogna fingere, a forza di fingere si finisce per credere; questo è il principio di ogni fede. (A. Moravia, Gli indifferenti, Milano, 1929)

La miseria, quella vera, venne con il dopoguerra, dove le borgate furono sinonimo di perdizione e, infine, di rivolta verso il sistema democratico, tanto ben rappresentato e stigmatizzato dal poeta, scrittore e regista Pasolini, dove i minorenni sono adescati e poi elevati ad angeli.

> O luce, che non vedo più, che prima eri stata in qualche modo mia, ora mi illumini per l'ultima volta. Sono tornato. La vita finisce dove comincia. (dal film "Edipo re" del 1967 di P. P. Pasolini)

Uno degli scrittori che hanno influito sulla genialità di mio fratello, è stato sicuramente Ernest Miller Hemingway (Oak Park, 21 luglio 1899 – Ketchum, 2 luglio 1961).

> Osservo la vecchia copia dei Quarantanove racconti, negli Oscar Mondadori: fracassato registratore di emozioni lontane.

Squinternata, i fogli persi, nella traduzione di Giuseppe Trevisani, presenta in copertina il celebre fumetto a colori del pugile coi guantoni sulle spalle. Da ragazzo lessi un'infinità di volte le pagine di Hemingway. Oggi credo di non percepirlo più nei modi che mi erano chiari allora. Da giovane sforbiciavo tutto ciò che non m'interessava. A una certa età non te lo puoi più permettere. ([Mio fratello] legge «I quarantanove racconti» di Ernest Hemingway, Metauro, 2005)

Quella copertina del libro, in quell'allestimento, la ricordo bene anche io, nell'edizione italiana del 1966 e con l'introduzione del critico letterario Giansiro Ferrata (Milano, 28 gennaio 1907 – Milano, 8 luglio 1986).

«L'ultimo gesto di Socrate è il gesto essenziale dell'uomo, in Hemingway; e non di auto-distruzione, ma di adempimento: gratitudine estrema, in amaro e noia, verso la vita». Questa immagine bellissima, semplice, chiara, mi sembra la migliore epigrafe italiana di Ernest Hemingway. Ed è tanto meglio di certe altre cose infelici che si sono scritte in Italia dopo il suicidio di Hemingway, proprio perché fu scritta tanti anni prima di quel suicidio, vent'anni prima. La scrisse, ovviamente, Elio Vittorini. (G. Trevisani, Hemingway, Milano, 1966)

Con il passare degli anni Hemingway rimane rinchiuso nell'infanzia, mentre si fanno prepotentemente largo i classici della letteratura russa. Al primo posto, sicuramente, viene Lev Tolstoj (1828 – 1910) e, pari merito, Fëdor Michajlovič Dostoevskij (1821 –1881). Mio fratello dedica un intero saggio a Tolstoj e redige un'introduzione assai curata, in un'edizione economica di "Guerra e pace", considerato da molti il capolavoro di Tolstoj, e:

[...] come ha scritto Ettore Lo Gatto, «la più grande opera della letteratura narrativa russa e una delle più grandi della letteratura europea del secolo XIX». Il romanzo racconta la storia di due famiglie aristocratiche, i Bolkonski e i Rostòv, in una Russia sconvolta dalla guerra e dall'invasione napoleonica. Raramente è dato di leggere un'opera in cui i destini individuali dei personaggi principali – fra cui spiccano Nataša Rostòva, il principe Andréi Bolkonski e il conte Pierre Bezuchov – si intrecciano in modo così perfetto con gli avvenimenti storici e militari [...] (dalla presentazione di Guerra e pace di Lev N. Tolstoj, Newton Compton Editori, 2016).

Da "Guerra e pace" (1869) ad "Anna Karenina" (1873-1877) il passo è breve, ma non tutti hanno voglia di aderire al conformismo dei vincitori che lo paragonano all'Iliade di Omero.

> Allungai una mano, aprii il libro verso la metà e cominciai a leggere Guerra e Pace di Tolstoj. Niente di nuovo. Era ancora un brutto libro. (Charles Bukowski, Compagno di sbronze, 1972)

Di Tolstoj mi ha sempre affascinato il racconto lungo "I cosacchi" (1863), antecedente quindi ai due capolavori descritti prima, dove il giovane protagonista compie l'ennesimo viaggio nella propria coscienza, antesignano in vitro de "Il giovane Holden" dello scrittore statunitense J. D. Salinger (New York, 1 gennaio 1919 – Cornish, 27 gennaio 2010).

Mio fratello ha curato diverse edizioni di Tolstoj e Dostoevskij, in particolare, di quest'ultimo, ha scritto l'introduzione per un'edizione economica de "I fratelli Karamazov" (1879).

> Unanimemente considerata tra le opere più alte della letteratura russa e di tutto l'Ottocento europeo, I fratelli Karamazov è l'ultima fatica di Dostoevskij. Pubblicato in parte, tra il 1879 e il 1880, sul «Messaggero Russo», vide la luce nella sua forma integrale nel 1880. Al centro della narrazione le vicende della famiglia Karamazov, padre e quattro figli, di cui uno illegittimo e tre nati da madri diverse, tutte precocemente scomparse. Aleksej, Dmitrij, Ivan e Smerdjakov si muovono circondati da un teatro di personaggi altrettanto cruciali e determinanti, non solo ai fini della narrazione ma anche ai fini del perfetto equilibrio su cui l'architettura del romanzo è costruita. È la storia di un parricidio, è la storia di una schiera di anime alla ricerca della verità e di una salvezza possibile, tutta spirituale, che l'autore cuce addosso al suo Aleksej, illuminandolo sin dalle primissime pagine di una luce forte e ostinata, che è propria solo degli "eroi". (Introduzione di [mio fratello], dal retro di copertina de "I fratelli Karamazov", Newton Compton, 2015)

Lev Tolstoj asserì: «Non sono riuscito ad arrivare fino in fondo», parlando proprio de "I fratelli Karamazov", ma in seguito, tormentato da paure e problemi familiari, volle tentare di rileggere proprio questo romanzo. Fece come tanti altri grandi artisti, si convertì, cambiando idea, poco prima di morire.

Personalmente ho goduto e sofferto assai, nel leggere "Il giocatore" (1866), dove Dostoevskij comprime in ventotto giorni di scrittura, la trama di un libro che scritto per saldare dei debiti di gioco, diventerà poi un capolavoro e la storia del gioco d'azzardo dell'epoca. Se gli scrittori russi ci hanno affascinato, con la loro pesante presenza, non sono stati da meno alcuni romanzieri italiani.

Aleksej Fëdoroviè Karamazov era il terzo figlio di un proprietario terriero del nostro distretto, Fëdor Pavloviè Karamazov, assai noto ai suoi tempi (e del resto ancor oggi ricordato fra noi) per la sua tragica e oscura fine, avvenuta esattamente tredici anni fa e della quale parlerò a tempo debito. Adesso, invece, di questo "proprietario terriero" (come lo si chiamava da noi, anche se in tutta la sua vita non aveva abitato quasi mai nella sua proprietà), dirò solo che era un tipo strano, di quelli che tuttavia si incontrano abbastanza spesso, il tipo di persona non soltanto abietta e depravata, ma anche balorda, di quei balordi, però, che sanno gestire egregiamente i propri affarucci e, a quanto pare, solo quelli. Fëdor Pavloviè, ad esempio, aveva cominciato quasi dal nulla; la sua proprietà era modestissima, correva di qua e di là per pranzare alla tavola altrui, si ingegnava a fare il parassita, eppure al momento del trapasso gli trovarono ben centomila rubli in contanti, anche se nel contempo aveva continuato ad essere per tutta la vita uno dei più dissennati scavezzacolli di tutto il nostro distretto. [...]
"I miei fratelli si perdono, e anche mio padre. E perdono anche gli altri con loro. È la "forza terrena dei Karamàzov" [...]. Non so neppure se si effonda lo spirito di Dio in questa forza. So soltanto che anch'io sono un Karamàzov. [...]
"E che ne sarà di Dmítrij e del babbo? Come finirà tra loro?" disse Alëša allarmato.
"Ancora con questa litania! E io che c'entro? Sono forse il custode di mio fratello Dmítrij?" tagliò corto Ivàn irritato, ma poi sorrise con una certa amarezza. "È la risposta di Caino a Dio sul fratello ucciso, eh? Ci stavi pensando in questo momento, vero?" [...]
"Fratellino mio, non voglio traviarti, sconvolgere le tue categorie: forse vorrei solo che la tua vicinanza mi guarisse" sorrise a un tratto Ivàn, proprio come un bambino piccolo e fragile. Alëša non gli aveva mai visto un simile sorriso. [...]
"Io, fratello, partendo, pensavo di avere almeno te al mondo" disse con una commozione inattesa Ivàn "ma ora vedo che anche nel tuo cuore non c'è posto per me, mio caro asceta. Quella formula "tutto è lecito" non la rinnego, e perciò sarai tu a rinne-

garmi, non è vero?"

Alëša si alzò, gli si avvicinò e lo baciò dolcemente sulle labbra.

(Fëdor Dostoevskij, I fratelli Karamazov, 1879)

Altro punto di riferimento per mio fratello è stato Guy de Maupassant (Tourville-sur-Arques, 5 agosto 1850 – Parigi, 6 luglio 1893) con i suoi centinaia di racconti, riuniti nelle edizioni in lingua italiana in diverse raccolte, dove l'autore toccava ogni tipo di argomento, più o meno scottante, dall'omosessualità al tradimento, dal suicidio all'ateismo, pubblicati dal 1875 al 1891, senza contare quelli postumi.

Il 5 agosto 1850 nasceva lo scrittore, poeta e drammaturgo francese Guy de Maupassant. [Mio fratello] si sofferma sul suo romanzo Bel Ami. Il suo protagonista, George Duroy è il prototipo dell'arrampicatore sociale d'ogni tempo: un giovane e fatuo provinciale che scende a Parigi dopo una deludente avventura militare e, sfruttando il successo con le donne, si trasforma in un giornalista di grido imparentato con l'alta finanza. Dietro la sua cinica, insopprimibile vitalità si cela però un'ossessionante paura della morte che vanifica la sua sfrenata ricerca del successo. Bel Ami è il secondo romanzo "realista" di Guy de Maupassant, "la sua importanza - spiega [mio fratello] - sta tutta nella creazione di un doppio piano: lo scrittore e il personaggio. Noi vediamo quello che Bel Ami non può capire, il suo desiderio di affermazione sarà anche la causa del suo fallimento". ([Mio fratello] legge Bel Ami, Rai Cultura)

Mio fratello non ha amato, per mia fortuna, Flaubert, Proust e Kafka, anche se il romanzo giovanile incompiuto "America" di Kafka, scritto tra il 1911 e il 1914, mi ha sempre intrigato. Ricordo anche "Alla ricerca del tempo perduto", l'opera più importante di Marcel Proust, scritta tra il 1909 e il 1922, di cui salvo solo "Un amore di Swann". In ogni caso sugli scaffali c'erano anche loro.

È vero, li ho letti ma non li ho amati. Nella scrittura c'è sempre l'elemento della separazione, è inevitabile, si scrive da soli, nella concentrazione. Ma proprio per questo sento l'esigenza di una coralità che superi l'elemento di solitudine dal quale provengo. Si scrive per uscire dall'isolamento e parlare a tutti, pur senza rinunciare, per questo, a un intenso lavoro attorno la scrittura. ([Mio fratello], carte di viaggi, viaggi di carta, intervista di P. Pegoraro, Letture n.629, Famiglia Cristiana, agosto-settembre 2006)

L'eterno innamorato Cesare Pavese (1908 – 1950) e la sigaretta vivente Beppe Fenoglio (1922 – 1963) sono stati di casa nella dimora dei miei genitori, avendo ospitato i loro libri sugli scaffali di mio fratello.

Il primo suicida per amore (La luna e i falò, Torino, 1948) e il secondo morto per cancro ai bronchi (Il partigiano Johnny, Torino, 1968), entrambi sembravano predestinati a quella fine tormentata.

> «Già in altri tempi si diceva la collina come avremmo detto il mare o la boscaglia. Ci tornavo la sera, dalla città che si oscurava, e per me non era un luogo tra gli altri, ma un aspetto delle cose, un modo di vivere». Inizia così "La casa in collina", il romanzo a cui [mio fratello] ha deciso di dedicare la sua lezione su Cesare Pavese. La storia, ambientata nel 1943 - anno della caduta di Mussolini - racconta di Corrado, un insegnante sfollato nelle Langhe, che sceglie di restare ai margini della guerra civile che sta per iniziare. (Archivio di Festivaletteratura nasce, Mantova, 2008)

Dalla Lombardia al Piemonte il viaggio sembra breve, ma se fatto in compagnia di Cesare Pavese allora la cosa si complica, perché le sue crisi sentimentali non vanno d'accordo con la sua sagacia intellettuale.

> Se un ignoto, un nemico, diventa morendo una cosa simile, se ci si arresta e si ha paura a scavalcarlo, vuol dire che anche vinto il nemico è qualcuno, che dopo averne sparso il sangue bisogna placarlo, dare una voce a questo sangue, giustificare chi l'ha sparso. (Cesare Pavese, La casa in collina, 1949)

Restringere a pochi nomi un percorso infinito, non è cosa buona e giusta, ma vi accorgerete che in ogni capitolo fa capolino almeno uno scrittore. Per ogni libro letto, mi è sembrato di aver fatto un viaggio incredibile, oltre i confini del mondo conosciuto.

> Che altri si vantino delle pagine che hanno scritto; io sono orgoglioso di quelle che ho letto. (Jorge Louis Borges, da Poesie, 1923 – 1976, Rizzoli, 2004)

« Ma ci sono anche film che trattano l'argomento dei fratelli e delle sorelle? »

« Chi è che lo chiede? Ah! È sempre lei signora! La filmografia in merito, a dire la verità, è assai vasta, direi sconfinata, proprio per questo possiamo, per amor di precisione, cercare di suddividerla in due categorie principali: i film belli e i film brutti! Il resto è, come direbbe mio padre, la scoperta dell'acqua calda! »

Mi piacerebbe parlarvi di una saga assai conosciuta: "Il Padrino" (1972) di Francis Ford Coppola, cui ha fatto seguito "Il Padrino - Parte II" (1974) e "Il Padrino - Parte III" (1990). Questa trilogia, premiata con numerosi Oscar, ha fatto epoca nel mondo del cinema, infatti, le peregrinazione dei tre fratelli Michael (Pacino), Sonny (Caan) e Fredo (Cazale) ci inducono a tifare, contro ogni regola, per i cattivi. Pochi sanno che non è questo film il capostipite di un nuovo ciclo, bensì, "La Fratellanza" (The Brotherhood) del regista Martin Ritt, girato nel 1968, ben quattro anni prima. La Mafia, nata in Sicilia nel XIX secolo, in seguito trasformatasi in un'associazione a delinquere di dimensioni internazionali, per il cinema è diventata fonte di immensi guadagni e di innumerevoli imitazioni. Non è un caso che, proprio in questo filone, il ruolo di fratello assuma un'importanza determinante, dove bellezza, violenza, audacia, legami familiari, crudeltà e furbizia, superano ogni barriera e limite, fino a diventare nelle serie televisive il festival dell'irriverenza e dell'amoralità, nella speranza che il telespettatore sappia sempre dove finisca la finzione e inizi la realtà.

SETTE

Esiste la festa della mamma, della donna, quella del papà, perfino i nonni vengono ricordati, ma solo negli Stati Uniti e recentemente, si è pensato di onorare ufficialmente il rapporto tra fratelli. In teoria, il 10 aprile di ogni anno (altri il 2 maggio), qualcuno festeggia questo legame unico, e tra i più forti che esistano.

> Vivo, ormai sono anni, in un vecchio appartamento nel cuore della città, con un fratello ammalato. Nessun altro abita con noi e le visite si fanno rare. Ultimi rimasti di una famiglia che fu numerosa al tempo della mia giovinezza, ci muoviamo, ora, in una complicata gerarchia dei silenzi [...].
> Non le darò un nome. La malattia rappresenta, nel nostro peregrinare, l'incognita permanente: una specie di oggetto invisibile prima ancora che una forza ostile. (C. Samonà, Fratelli, Sellerio, 2008)

C'è una comunità su Internet che ti rende pirata e dipendente, poiché ti permette di scaricare centinaia, oserei dire, migliaia di libri nei vari formati adatti per essere letti sui tablet, sugli ereader e gli altri aggeggi vari. Lasciare i libri di carta per dedicarsi al digitale, rappresenta qualcosa di terribile ma che emoziona chi lo prova. Non è semplice superare il primo impatto, infatti, bisogna calarsi in una modalità diversa e far pace con il proprio cervello. Non entro in merito se è giusto farlo, oppure trasformarsi in un crociato della stampa e degli acari, in ogni caso un'esperienza va fatta sulla propria pelle. Io l'ho fatto e così mi sono imbattuto in scrittori che conoscevo bene e in altri di cui avevo solo sentito parlare. Ho iniziato con lo scrittore belga Georges Simenon (1903 – 1989), forse l'autore che ho letto di più per colpa del suo commissario Maigret (oltre 800 milioni di copie vendute), che tanto successo ebbe in Italia con il bravissimo attore Gino Cervi (1901 – 1974), lo stesso che interpretava i film ispirati alle storie di don Camillo di Giovannino Guareschi (1908 – 1968), insieme all'attore francese Fernandel (1903 – 1971), il primo come Peppone e il secondo nella parte del sacerdote. Si racconta, ancora oggi, che Fernadel fosse un pederasta, proprio lui che era un buon cattolico, insignito della Legion d'Onore, e con moglie e figlie. Pare che, prima o poi, qualunque personaggio famoso sia stato sospettato di essere omosessuale, oggi ad esempio a New York, un nipote di una grande dinastia italiana, che ha costruito auto e fatto denaro sulle spalle di un'intera nazione (la nostra), è stato arrestato con l'accusa di aver finto un rapimento per farsi pagare i soldi spesi in due giorni di cocaina e di vari transessuali.

> Nel 1932 Mussolini venne a Torino per festeggiare alla Fiat il decimo anniversario della marcia su Roma e Giovanni Agnelli lo accolse in camicia nera. La Fiat volle la "militarizzazione dei dipendenti", in modo che fossero passibili, "anche sul lavoro, delle sanzioni del Codice Militare di Guerra". Alle forze armate italiane serviva, a guerra ormai iniziata, un ottimo carro armato, avendo la possibilità di costruirne in Italia, su brevetti e progetti tedeschi, non si riuscì, nonostante l'intervento diretto di Mussolini, a convincere i dirigenti della Fiat a venir meno alle loro prerogative. Il progetto fallì e la Fiat con la famiglia Agnelli riuscì a divenire uno Stato nello Stato, sia durante il fascismo (attraverso un doppio e perfino triplo gioco) sia nel lunghissimo dopoguerra. (R. Affinati, Camminare nell'Italia fascista, Soldiershop, 2016)

L'opera letteraria "Il gatto" (1966) di Simenon non vede protagonista il commissario Maigret, ma una sorta di Jean Gabin (1904 – 1976) e Simone Signoret (1921 – 1985), la storia di una coppia di anziani coniugi, che si parlano solo attraverso una serie di bigliettini, per via di un rancore reciproco dovuto alla morte, appunto, di un gatto (di lui) e di un pappagallo (di lei). Mi sono sempre chiesto se esiste una letteratura di serie "A" e una di serie "B", spesso il giallo, il fantasy, l'avventura e la commedia, sono considerati generi di evasione, così come i libri di Stephen King (1947), Wilbur Smith (1933), Ken Follett (1949), Jules Verne (1828 – 1905), e via così. In Italia abbiamo Andrea Camilleri (1925), Niccolò Ammaniti (1966) e Giorgio Faletti (1950 – 2014), Emilio Salgàri (1862 – 1911), ma l'elenco è infinito anche da noi. Ci sono anche le vie di mezzo, come le opere pruriginose di Piero Chiara (1913 – 1986) e i libri del simpatico Andrea Vitali (1956), oppure la sicilianità di Vitaliano Brancati (1907 – 1954) ed Ercole Patti (1903 – 1976). Non è il genere letterario che fa di un libro un'opera d'arte, ma non si può non citare all'inverso

Giuseppe Tomasi di Lampedusa (1896 – 1957) e il suo "Il gattopardo" pubblicato nel 1958.

> Così rispondo anche a Lei; caro Chevalley: i Siciliani non vorranno mai migliorare per la semplice ragione che credono di essere perfetti: la loro vanità è più forte della loro miseria; ogni intromissione di estranei sia per origine sia anche, se si tratti di Siciliani, per indipendenza di spirito, sconvolge il loro vaneggiare di raggiunta compiutezza, rischia di turbare la loro compiaciuta attesa del nulla; calpestati da una decina di popoli differenti essi credono di avere un passato imperiale che dà loro diritto a funerali sontuosi. Crede davvero Lei, Chevalley, di essere il primo a sperare di incanalare la Sicilia nel flusso della storia universale? Chissà quanti imani mussulmani, quanti cavalieri di re Ruggero, quanti scribi degli Svevi, quanti baroni angioini, quanti legisti del Cattolico hanno concepito la stessa bella follia; e quanti viceré spagnoli, quanti funzionari riformatori di Carlo III; e chi sa più chi siano stati? La Sicilia ha voluto dormire, a dispetto delle loro invocazioni; perché avrebbe dovuto ascoltarli se è ricca, se è saggia, se è onesta, se è da tutti ammirata e invidiata, se è perfetta, in una parola?
> (Tomasi di Lampedusa, Il gattopardo, Feltrinelli, 1978)

Nel libro "Il procuratore" (1990) di Andrea Vitali come nel "Il piatto piange" (1962) di Piero Chiara ci sono i buoni sentimenti, forse anche l'impegno civile, si leggono bene e scorrono, manca, però, l'elemento per farne un capolavoro, cioè la scintilla che ti porta a entrare nei testi e nelle antologie di letteratura e nei cuori dei critici letterari. Spesso accade che scrittori che vendono tanto, anzi tantissimo, non siano poi accreditati come scrittori di rilievo nel campo della letteratura. Ian Fleming (1908 – 1964) creatore del personaggio dell'agente segreto James Bond, Arthur Conan Doyle (1859 – 1930) creatore del personaggio dell'investigatore Sherlock Holmes, Rex Stout (1886 – 1975) creatore del personaggio dell'investigatore sedentario Nero Wolfe, Agatha Christie (1890 – 1976) creatrice dei personaggi come l'investigatore belga Hercule Poirot e della simpatica Miss Marple, sono solo alcuni esempi di una lunghissima schiera di scrittori che difficilmente entreranno a far parte dell'Olimpo della letteratura, pur avendo portato benessere a tantissime persone, venduto milioni di copie di libri e pur essendo noti al grosso pubblico, anche dopo decenni dalla loro morte.

Neanche il premio Nobel per la letteratura porta uno scrittore direttamente nel paradiso dei capolavori, non vale per Sully Prudhomme (1839 – 1907), il primo a fregiarsi di questo prestigioso trofeo per la letteratura nel 1901 e il primo a non essere ricordato; oppure Winston Churchill (1874 – 1965), assai più noto come statista; senza contare una lunga lista di scrittori dimenticati da un pezzo, e di molti di loro non c'è neanche una traduzione in italiano delle loro opere, per via del fatto che commercialmente non possiedono mercato nel nostro paese.

"Il libretto rosso" di Mao Tse-Tung (da 800 milioni fino a cinque miliardi di copie), insieme a "La Bibbia", il "Corano", la "Bhagavadgītā" e il "Manifesto del Partito Comunista" sono stati stampati in un numero enorme di copie. L'intera serie di libri di Harry Potter di J. K. Rowling è, in circa oltre 450 milioni di copie, ancora lontana dagli 850 milioni del commissario Maigret di George Simenon. Altri libri superano i cento milioni di copie distribuite, come "Racconto di due città" di Charles Dickens (200 milioni), "Il Signore degli Anelli" di J. R. R. Tolkien (150 milioni), "Il piccolo principe" di Antoine de Saint-Exupéry, "Dieci piccoli indiani" di Agatha Christie, "Il sogno della camera rossa" di Cao Xueqin, "Lo Hobbit" sempre di J. R. R. Tolkien, ognuno di questi ultimi tre libri in classifica con 100 milioni di copie. I primi libri italiani sono "Il nome della rosa" di Umberto Eco (50 milioni), "Le avventure di Pinocchio" (35 milioni) di Carlo Collodi e "Va' dove ti porta il cuore" di Susanna Tamaro, che supera così di un milione "Il vecchio e il mare" di Ernest Hemingway. All'ultimo posto troviamo il capolavoro della letteratura italiana, che ancora si studia nelle scuole, cioè la "Divina Commedia" del poeta Dante Alighieri. Un libro diventa un capolavoro, non perché è tra i più venduti al mondo, e neanche perché ha vinto un premio deciso da un gruppo editoriale o di potere. In questa comunità su Internet, che prende il nome dal gruppo di cui è membro "Alan Ford" (un vecchio fumetto che ha iniziato le pubblicazioni negli anni settanta), non si trovano i libri di mio fratello, ma in formato ePub mi sono letto "Correre" dello scrittore francese Jean Echenoz (Orange, 26 dicembre 1946), in pratica una sorta di biografia scorrevole dell'atleta cecoslovacco Emil Zátopek (1922 –2000).

Cento anni fa, sui fronti europei, si consumò la tragedia della Grande Guerra: l'ultima del mondo antico, perché i soldati si uccisero da una trincea all'altra guardandosi in faccia con la baionetta innestata, come era sempre accaduto fino ad allora; ma la prima del mondo moderno, in quanto la rivoluzione industriale del Novecento fece comparire sui campi di battaglia nuovi terribili strumenti bellici: gli aeroplani, i carri armati e i micidiali gas chimici. Tanti furono gli scrittori che, da protagonisti diretti, raccontarono lo scempio dei corpi martoriati, la violenza crudele degli scontri a fuoco, la cecità degli ufficiali che non esitavano a mandare allo sbaraglio gli uomini come fossero bestie da macello. Esiste, a tale riguardo, una vera e propria letteratura di riferimento, talvolta più efficace di qualsiasi manuale storiografico: da Hemingway a Céline, da Cendras a Remarque, da Junger a Pasternak, da Lussu a Serra, da Gadda a Musil, da Jahier a Comisso, da Ungaretti a Slataper, per citare soltanto alcuni nomi, ogni lettore può scegliersi il punto di vista che ritiene più congeniale. Diverso è il caso di scrittori venuti dopo, che raccontano la Prima guerra mondiale basandosi sulle fonti, anche cinematografiche. Un esempio tipico è quello di Jean Echenoz, sessantasei anni, già noto al grande pubblico per i suoi libri sulla vita di Maurice Ravel, Emil Zàtopek e Nikola Tesla, il quale con '14 (Adelphi, pp. 110, 14 euro) ha composto un romanzo bellico di pura invenzione fantastica in cui tuttavia è difficile non sentire la suggestione della tradizione letteraria poc'anzi richiamata. In brevi capitoli di stringente resa espressiva apprendiamo la storia del timidissimo Anthime arruolato proprio all'inizio del conflitto e subito gettato, insieme ad alcuni suoi amici, nella mischia selvaggia di bombe, fango e sangue. ([Mio fratello], «'14» di Jean Echenoz, i sentimenti e la guerra, Roma Sette, 24 novembre 2014)

Altro autore che ho letto su "e-book reader" è Yasunari Kawabata (1899 – 1972), in particolare "Il paese delle nevi" (1948), che non mi ha entusiasmato, al contrario del libro "Il maestro di go" (1954), che mi aveva affascinato con i suoi riferimenti indiretti al wargame e al mondo della simulazione in genere. Mio fratello lo nomina esclusivamente per ricordare il suo suicidio.

> Il 16 aprile Yasunari Kawabata (71 anni), premio Nobel per la letteratura nel 1968, viene trovato morto nella sua casa di Kamakura, asfissiato. [...] Poeti e narratori, pur evocando il silenzio, lavorano sul linguaggio: assomigliano a negromanti, in bilico fra vita e ignoto, il cui gesto espressivo ottunde tale distinzione. ([Mio fratello], Campo del sangue, Mondadori 2009)

È difficile non trovare riferimenti di mio fratello su scrittori o romanzi, per fortuna *books.google.it* ci rende diversi estratti dei suoi libri, come della maggior parte degli autori stranieri e italiani. Esaurisco qui la mia voglia di pirateria e torno ai libri di carta, con un'opera dello psicoanalista tedesco Horst Petri (1936), con il suo "Fratelli - l'amore e la rivalità: il rapporto più lungo della nostra vita (Zurigo 1994).

> Sono le aspettative idealizzanti nei confronti del sostituto del partner che spaccano la relazione tra fratelli. Infatti, in esse viene stabilito chi tra i figli sia in realtà "il prediletto". (H. Petri, 1994)

Nella pellicola "L'uomo della pioggia - Rain Man" (1988), diretto da Barry Levinson e interpretata da Tom Cruise e Dustin Hoffman, ci troviamo di fronte a due fratelli: uno privo di scrupoli e l'altro affetto da autismo, con ritardi cognitivi ma con facoltà speciali, in grado di memorizzare e analizzare alcuni giochi d'azzardo. Due fratelli distaccati dall'infanzia, riuniti quasi per caso e poi di nuovo separati, ma questa volta con il preciso impegno di incontrarsi periodicamente.

OTTO

Ho iniziato a scrivere questo libro per me stesso, poi nel tempo, pagina dopo pagina, mi sono reso conto che le cose di cui parlo riguardano molti di noi. Mio fratello quando scrive un libro è come se inserisse in un suo archivio personale un determinato argomento, in maniera da risolvere un aspetto che a lui preme mettere nel dimenticatoio, o meglio, per trovare la chiave di volta del progetto. Così facendo ha scritto prima su mia madre, poi su mio padre, poi su Dietrich Bonhoeffer (1906 – 1945) e Lorenzo Milani (1923 – 1967). Mio fratello nella sua vita ha avuto tre donne e mezzo, la prima fu Maria, la sua compagna di scuola, la seconda Bernadette, incontrata in una vacanza studio di un mese a Parigi, la terza è Lucia, che attualmente è sua moglie. Della "mezzo" non ne voglio parlare adesso, non mi va, perché certe volte, non si sa il perché, ma si prova un senso di fastidio. Mi viene in mente solo ora James Joyce (1882 – 1941), lo scrittore irlandese con il suo romanzo "Ulisse" (1922), considerato da molti uno dei libri più importanti della letteratura del XX secolo. Non ne sono mai rimasto entusiasta, a differenza di mio fratello, perché gli preferivo "Ritratto dell'artista da giovane" (1914 – 1915), conosciuto in Italia anche come Dedalus, dove le avventure di un bambino, Stephen Dedalus, alla scoperta della vita, ci accompagnano durante la sua crescita nel tentativo di centrare il proprio obiettivo, l'indipendenza e l'amore, attraverso la letteratura. Joyce aveva dieci fratelli, di cui due morti per via del tifo, probabilmente di tifo addominale da non confondersi con il tifo petecchiale (dei pidocchi), quello che portò alla morte Anna Frank (1929-1945) e sua sorella Margot (1926-1945), nel campo di sterminio di Bergen Belsen. Entrambe tennero un diario durante la loro vita, ma solo quello di Anna fu ritrovato, diventando poi un *bestseller*.

Nel suo diario, Anna Frank ricorda come sua madre le suggerisse spesso di prendere Margot a modello. Anna descrive inoltre come Margot avesse una relazione migliore della sua con la loro madre e come la sorella possedesse una natura più timida e tollerante della propria. (www.annefrank.org)

Stanislaus Joyce (1884 – 1955), fratello di James, sebbene avesse ricevuto un'istruzione inferiore rispetto a quella del fratello, scrisse anche lui e pur vivendo insieme per qualche anno non sempre condivisero idee e programmi. Diverso nelle abitudini e nella filosofia di vita, Stanislaus si sentì in dovere di svolgere il ruolo di angelo custode, nel tentativo di contenere le conseguenze della vita disordinata condotta dal fratello. I rapporti tra fratelli sono sicuramente uno dei meccanismi più delicati e complessi che io abbia mai visto, eppure così pragmatici e realistici da sembrare di facile soluzione. Niente di più falso. Una pellicola che parla di fratelli e di amore, in maniera soave e disincantata, è "Sette spose per sette fratelli" (1954) di Stanley Donen, lo stesso regista di "Cantando sotto la pioggia" (1952). Si tratta di una sorta di "ratto delle sabine" ambientato nel West, tra boscaioli, contadini, inseguimenti con le slitte e tanta neve. Assai più fosco e drammatico risulta "La terra" (2006), un film diretto da Sergio Rubini e ambientato a Mesagne (e non solo), nel Salento. Quattro fratelli si confrontano, di fronte all'opportunità di vendere la tenuta di famiglia, dove interessi personali, rabbia, invidie e vendette fanno da contorno all'unica scelta possibile, tra rimanere o andare via. Ritornano gli amori passati e i ricordi dei primi amori, sommersi dalla vita quotidiana. Il film di successo "The Blues Brothers" (1980), con John Belushi e Dan Aykroyd, ci parla, invece, con linguaggio demenziale, di due fratelli usciti da un orfanotrofio e in cerca di gloria.

Maria era carina, la prima fidanzatina di mio fratello, conosciuta durante gli ultimi anni delle scuole superiori, presso l'Istituto professionale per il commercio e il turismo "Amerigo Vespucci", vicino la basilica di Santa Maria Maggiore a Roma, una scuola dove vi erano dieci ragazzi e il resto tutte ragazze. Mio padre aveva acconsentito a quel tipo di scuola perché c'era la parola "commercio" e in lui, negoziante di abbigliamento, albergava ancora la speranza di vedere i figli succedergli nella sua attività. I ragazzi di quella scuola non riuscivano a mettere insieme una squadra di calcio, ma almeno non avevano concorrenza nel campo sentimentale, quindi, anche la timidezza di mio fratello fu vinta e in grado di stringere un patto con l'amore. Finita la scuola, mio fratello s'iscrisse alla facoltà di lettere, mentre Maria iniziò a lavorare, decidendo di andare a vivere insieme in una piccola casa nei dintorni della via Appia, prima di

Capanelle. Io e mio padre andammo a trovarli per dargli una mano a fare ordine in quella sorta di nido d'amore, ma la loro storia non andò a buon fine. Vidi mio fratello in cima a una sedia che tentava di avvitare una lampadina a un punto luce, sembrava, in effetti, che volesse girare il lampadario intorno alla lampadina. Mio fratello non ha mai avuto una grande propensione per le cose manuali, però ha sempre amato andare in moto, a costo di fondergli il motore. Fu Maria e decidere che la cosa dovesse finire lì, sicuramente non erano pronti entrambi, in ogni caso il fatto di non lavorare e la loro giovane età può aver influito. Mio fratello non l'ha mai spiegato il vero motivo, diciamo, però, che quando tornavo in casa nel tardo pomeriggio, trovavo l'appartamento al buio e così pensavo che non ci fosse nessuno, nonostante la chiave nella serratura non girasse neanche una volta. Entravo nella stanza da letto, che condividevo con mio fratello, la trovavo al buio e così accendevo la luce ma scorgevo mio fratello steso nel letto alle 18.00, cosa a cui non ero abituato. A casa si capiva che mio fratello aveva preso la cosa assai male, ma la sua reazione fu quella di buttarsi sui libri e nell'istruzione universitaria, immerso totalmente in uno "studio matto e disperatissimo", della durata di qualche anno, che assorbì tutte le sue energie e che per fortuna non recò gravi danni alla sua salute, al contrario di Giacomo Leopardi (1798-1837). A livello sentimentale, mio fratello trovò una sorta di pace incontrando Bernadette, una ragazza ben decisa e rossa di capelli, che aveva conosciuto a Parigi in Francia, durante una vacanza studio, con cui aveva "pomiciato" su un prato, tornando a casa dal viaggio con una zecca attaccata a un polpaccio. La zecca riuscimmo a toglierla, forse ne rimase la cicatrice, ma di Bernadette non sentimmo più parlare, finchè, finita la storia con Maria, una telefonata fece risorgere questa sorta di fiamma. Bernadette ha rischiato di diventare la moglie di mio fratello, perché durante il loro fidanzamento il test di gravidanza diede esito positivo. Mio fratello parlò a casa con i miei genitori ed era quasi decisa la data del matrimonio, quando un aborto spontaneo mise fine a una vita possibile e a questa sorta di urgenza. In effetti, la loro storia si concluse di lì a breve, non so dire in che termini e per volontà di chi. Ricordo Bernadette come una donna ben determinata, non bellissima, però mi dava l'impressione che non fosse fatta per andare d'accordo all'infinito con mio fratello. L'ultima donna che mio fratello ha conosciuto è stata Lucia, romagnola, divorziata, con una figlia sposata a Veleno e con qualche anno in più rispetto a lui. Fra le tre, sicuramente la più intellettualmente preparata, infatti, se mio fratello fosse stato il pittore Edward Hopper 1882-1967), le cui stampe dei quadri hanno angosciato e trasfuso il mio sguardo per tanti anni, visto che mio fratello le aveva appese alle pareti della nostra camera, Lucia sarebbe stata la sua Josephine Nivison (1883-1968). Mia madre, romagnola anche lei, all'inizio rimase leggermente curiosa e confusa, del fatto che suo figlio frequentasse una donna con qualche anno in più, poi l'ambiente familiare si calmò. Ci fu un periodo di pace e serenità, dove i rapporti, seppur poco frequenti, furono distesi e pacifici. In seguito giunse un momento di fastidio, che mia madre provava, per il fatto che Lucia faceva da filtro tra il mondo esterno e mio fratello. Mia madre smise di comunicare con mio fratello, perché ogni contatto doveva passare tramite Lucia.

« Ma tu che pensi? Tuo fratello si è sposato? »

La mia risposta, con il sorriso, fu di questo tipo:

« Mamma, leggendo qui nel libro, si dovrebbe dire di sì. »

Questa cosa non andò giù a mia madre, e così telefonò a mio fratello e fu Lucia a rispondere, dando una buona spiegazione. In pratica disse, almeno credo, che il matrimonio al comune era solo ufficializzare una situazione di fatto, e che avveniva dopo una lunga convivenza e quindi nulla di effettivamente... Mia madre che, data l'età e il suo temperamento, non sempre ha avuto nella sua vita la risposta pronta, quella volta espresse la sua volontà con una semplice domanda:

« Ma a tua madre, cara Lucia, tu gliel'hai detto? »

« Sì! »

« E perché allora a me non è stato detto? »

> Solo oggi che mio padre è morto posso dire che era uguale a voi ma lo aveva nascosto, a se stesso in primo luogo. Aveva sepolto la sua orfanità. Io da ragazzo elaboravo il lutto dell'abbandono al posto suo, quella era la matrice della mia tristezza. ([Mio fratello], La città dei ragazzi, Milano, Mondadori, 2008)

I fratelli e le sorelle, nel mondo della canzone, sono presenti in moltissimi testi musicali: il gruppo rock britannico dei "Dire Straits" con l'album "Brothers in Arms" tocca il tema della stupidità della guerra e della fratellanza militare, mentre lo stesso argomento è sfiorato da Elton John (1947) con il brano "Daniel", dove un veterano della guerra del Vietnam, rimasto cieco, ritorna a casa, mentre il fratello ne racconta le vicende. Il gruppo inglese degli Hollies mette in campo, con "He Ain't Heavy He's My Brother" (eseguita poi dal cantautore statunitense Neil Diamond), l'aspetto di fratellanza universale e religiosa. David Bowie (1947-2016) con "The Bewlay Brothers" ci racconta il suo rapporto assai complesso con il suo fratellastro, affetto da schizofrenia. Con "Oh, sister" il cantautore statunitense Bob Dylan esprime la fragilità femminile e l'amore fraterno. Segue poi un'infinita lista di canzoni pop, dove i termini di fratello e sorella si mischiano fra loro, spesso equivocando ed evocando i legami familiari, affettivi, sentimentali, sociali e criminali.

Mio fratello non lo sa, ma su Wikipedia, nella voce a lui dedicata, sono io che ho scritto la descrizione di questo suo libro, ispirandomi alla figura di un commissario di polizia:

"La Città dei Ragazzi" (Mondadori, 2008) si incentra su tre temi narrativi: il primo copre l'esperienza didattica appunto nella Città dei Ragazzi; il secondo è il diario di viaggio emozionale che porta l'autore ad accompagnare alcuni suoi alunni durante le vacanze estive verso le loro basi di partenza in Marocco; il terzo è la messa in archivio di un fascicolo che l'autore esprime nei confronti di suo padre, orfano anch'esso come i suoi alunni, ma che con la sua figura, seppur offuscata, si staglia netta e precisa al di sopra di ogni cosa terrena. Una sorta di uomo onesto, a modo suo, in un mondo di ideologie, moralmente incerto che qualcosa vada salvata alla luce delle proprie esperienze, ma proprio per questo maestoso nelle sue paure quotidiane. (Premio della Critica Vico del Gargano nel 2008)

Mio fratello ha scritto il romanzo "Campo del sangue" (Milano, Mondadori, 1997) ispirandosi, di fatto, alla vita di mia madre, la quale aveva steso una sorta di diario della sua vita che io ero riuscito a trascrivere tramite un piccolo computer. I ricordi, il quaderno sgrammaticato di mia madre e i suoi racconti sono diventati, tramite l'ingegno di mio fratello, la sua opera più matura e completa, un libro selezionato al Premio Strega e al Premio Campiello. Mio padre è morto nel luglio del 2003, lo stesso mese in cui era nato, ed è stato ricordato nel libro "Peregrin d'amore" (Mondadori, 2010) gratificato anch'esso nel 2011 con un premio, conferito dal Ministero dei Beni e le Attività Culturali e la Società Geografica Italiana. I premi letterari in Italia sono qualcosa di molto simile al Festival di Sanremo, dove molto spesso sono i discografici ad avere sempre l'ultima parola, in ogni caso se fu il fascismo a far esplodere tale moda nel tentativo di asservire gli scrittori, attualmente i bandi che riguardano premi e concorsi letterari, tra quelli gratuiti e quelli a pagamento (da non consigliare), sono oltre mille. In realtà i premi letterari di un certo spessore e importanza sono assai pochi, meno di sei, e sono proprio loro a rischio di palese interferenza. Agli scrittori tutto questo non dovrebbe interessare poi molto, ma non sempre è così, in fondo fa sempre piacere ricevere un riconoscimento pubblico, seppur pilotato dalla propria casa editrice oppure da conoscenze altolocate. Prima o poi, ho la convinzione, che mio fratello scriverà di me, questa sarà la sua fatica più importante e la sua ultima pratica interiore da archiviare, sicuramente la più dura e ardua. Questa, in sintesi, la storia di mio fratello con le donne, seppur stilizzata e priva di quei tanti fatterelli, che però rischiano di portarci verso lidi lontani e mari perigliosi. Ricordo ancora quando mia madre si amareggiò per le cose scritte da mio fratello sul suo conto e poi su quello di mio padre, in queste occasioni ho sempre cercato di placare tali ire e di lenire i dolori, perché spesso ho sentito forte l'odore di borghesia farsi strada in queste invettive. In fondo caro fratello, anche queste righe non sono vere, ma solo il frutto di una mente in subbuglio che, attraverso il romanzo, cerca di ritrovare la cieca fiducia nei legami di sangue, andati perduti o smarriti nel corso delle tante ore di solitudine passate insieme, tu rinchiuso nella nostra stanza da letto, su quell'unica scrivania, mentre io giocavo a soldatini sul tavolo o sopra i cuscini del divano del salone. Entrambi strumenti di un percuotere gigantesco ed esasperante, cloaca di quella vita quotidiana che ci ha portato così astrusamente lontano, mentre i nostri genitori costruivano la loro eterna emarginazione, rinchiusi nel loro eremo fatto di lavoro e di sogni, dove ancora oggi nostra madre, con il suo ictus estremo, tremolante sposta i mobili della sua dimora.

NOVE

Io non credo che voi siate meno pronti di me a farvi un'opinione su tutto quello che andrete a incontrare lungo queste strade, anzi sarete sicuramente spinti a dimenticare alcuni avvenimenti e magari ad ampliarne altri a voi più congeniali. Un errore che talvolta uno scrittore può compiere, spesso senza rendersene conto, è trattare i propri lettori come se fossero figli, per evitargli, se possibile, gli stessi errori da noi compiuti e pagati a caro prezzo, nel tentativo di preservarli e renderli immuni dal dolore e dalle sofferenze. Per quanto lecito, tale comportamento non produce gli effetti sperati, sia i figli sia i lettori alla fine non ce ne saranno grati e, in ogni caso, non li renderà più sani e più forti. Erano quattro i fratelli Singer: Hinde Ester Singer Kreytman (1891 – 1954), Israel Joshua Singer (1893 – 1944), Isaac Bashevis Singer (1904 – 1991) e il fratello minore Moyshe, diventato rabbino e scomparso poi, insieme alla madre, durante l'occupazione russa della Polonia, dopo essere stati deportati in Kazakistan e morti forse nel 1946. Isaac B. Singer, salvandosi dall'Olocausto, riuscì a rifugiarsi negli Stati Uniti, vincendo il premio Nobel per la letteratura nel 1978. I suoi romanzi scritti in yiddish, tradotti in lingua inglese, ebbero un successo clamoroso, mentre a me ne è piaciuto uno in particolare: "Il mago di Lublino" (1960). Le opere del fratello Israel J. Singer, avendo i nomi assai simili, hanno avuto ultimamente in Italia, un rinnovato successo, attraverso ristampe economiche di titoli come Yoshe Kalb (1933), "I fratelli Ashkenazi" (1935) e La famiglia Karnowski (1943). I libri di questi due scrittori mi sono risultati affascinanti, fino a quando non ho letto "La danza dei demoni", scritto dalla sorella Esther Kreitman Singer. Il libro stampato a Varsavia nel 1936 è stato prima pubblicato in Italia con il titolo "Debora" nel 2007 (Baldini Castoldi Dalai) e poi con una nuova traduzione nel 2016 dalla casa editrice Bollati Boringhieri. I libri scritti dai Singer in yiddish e tradotti in inglese, ci pervengono, quindi, in lingua italiana da testi a loro volta manipolati.

La protagonista di questo romanzo, Deborah, vive nel villaggio polacco di Jelhitz, agli inizi del Novecento, con i genitori e il fratello Michael. Il padre, reb Avram Ber, è un rabbino seguace della corrente chassidica, dalla personalità debole e incapace di farsi valere, che la madre, Raizela, figlia di un rabbino erudito e di rango superiore, disprezza. Raizela mal tollera anche la figlia, semplicemente per il fatto che sia femmina, poco attraente e quindi difficile da maritare. Mentre Michael riceve una buona istruzione ed è libero di muoversi a piacimento, Deborah è relegata in casa, a sbrigare faccende: non le è permesso di studiare, e nemmeno di leggere, quindi invidia il fratello con tutta l'anima, e sogna di sfuggire a una vita limitata ai pettegolezzi e al mercato. Chi ha letto "Di un mondo che non c'è più", il memoir di Israel J. Singer (Bollati Boringhieri, 2015) riconoscerà in trasparenza lo shtetl e la famiglia da lui descritti. E infatti Deborah è in trasparenza Esther, sorella maggiore dei due più famosi Israel J. e Isaac B., e autrice di questo romanzo palesemente autobiografico. Naturalmente il punto di vista di una donna sulla tradizione che relega il sesso femminile a una condizione impossibile è uno dei punti di forza del libro, ma quello che lo rende imperdibile è il tono della scrittura, molto diverso da quello ironico, indulgente e nostalgico del fratello: per Deborah/Esther la vita è una tragedia, e la narrazione assume di conseguenza connotazioni neorealistiche, si fa forte di una sincerità e di un dolore che non lasciano scampo al lettore. (dal risvolto di copertina di "La danza dei demoni", Bollati Boringhieri, 2016)

La storia autobiografica scritta dalla primogenita ci fa apparire la condizione della donna nella sua vera essenza, di una ragazza che soffre nel non potere ricevere la stessa educazione e le stesse opportunità offerte ai suoi fratelli. I rapporti tra i fratelli e la sorella non furono idilliaci, in particolare sembra, secondo il figlio di Esther, che il fratello premio Nobel Isaac si rifiutò di aiutare la sorella a rifugiarsi negli Stati Uniti. Esther da giovane fu costretta a un matrimonio combinato dalla famiglia, a cui si sottrasse solo in seguito, trasferendosi a Londra, dove subì, durante la seconda guerra mondiale, i pesanti bombardamenti tedeschi. La sua vita fu comunque sofferta e piena di alterne vicende, che le portarono problemi di salute e una tremenda voglia di rivalsa, mista a passione e timidezza. Il fratello gli dedica un intero capitolo di uno dei suoi libri, e la vuole ricordare così:

Sebbene a quei tempi non conoscessimo Freud, si potrebbe dire che in casa nostra si svolgeva un dramma freudiano. Mia sorella sospettava che mia madre non le volesse bene, cosa che non era vera, ma in realtà esse non andavano d'accordo. Mio fratello Israel Joshua assomigliava alla famiglia della mamma, ma Hinde Esther aveva ereditato l'ispirazione chassidica, l'amore dell'umanità e il carattere eccentrico del lato paterno. Se fosse vissuta in un'altra epoca, sarebbe potuta diventare una femmina santa, o come Hodel, la figlia di Baal Shem, che danzava con i chassidim. La nostra bisnonna, di cui mia sorella portava il nome, usava portare frange rituali e visitare il rabbino di Belz, come un uomo. Mia sorella era simile a tutte le sante Rebbetzin che digiunavano e facevano pellegrinaggi in Palestina per pregare sulle tombe sacre. La sua era una vita di giorni di festa, di inni, di speranze e di esultanze. Era un chassid in gonnella; ma soffriva di isterismo e aveva leggeri attacchi di epilessia. Qualche volta, sembrava posseduta da uno spirito maligno. Mio padre la ignorava, perché era una ragazza, e mia madre non riusciva a capirla. Nei suoi momenti liberi, la mamma leggeva un libro di istruzione morale, gettando a malapena un'occhiata dalla finestra con uno sguardo distante e malinconico. La folla e il rumore la angustiavano ed ella si interessava soltanto del pensiero. Mia sorella, d'altra parte, seguitava a chiacchierare, a cantare e a ridere tutto il giorno, esprimendo opinioni che avrebbe dovuto tener per sé. Chiunque le piacesse veniva lodato eccessivamente, mentre quelli che non le piacevano ricevevano implacabili insulti. Tendeva all'esagerazione, saltando quand'era allegra, piangendo quando si sentiva infelice e qualche volta cadendo svenuta. Nella sua gelosia di mio fratello Israel Joshua, montava numerose accuse; poi, rimpiangendo quel che aveva fatto, avrebbe voluto baciarlo. Dopo aver pianto selvaggiamente, all'improvviso il suo spirito si sollevava ed ella si metteva a danzare. Noi bambini più piccoli eravamo sempre baciati e vezzeggiati da lei. Per mia sorella, tutto era importante. Un barbiere, che lavorava dal lato opposto della strada, si era innamorato di lei e le aveva mandato un biglietto d'amore. Mia sorella, presumendo immediatamente che tutti ne fossero al corrente e facessero pettegolezzi, aveva paura di scendere in strada. Ci volle un bel pezzo per convincerla che anche le altre ragazze ricevevano biglietti del genere e che nessuno l'avrebbe biasimata per quello. Un sabato, sentendo i suoi lamenti in cucina, accorsi e trovai un fuoco che ardeva nella stufa. Aveva messo dentro le carte secche usate per coprire i cibi del sabato e una scintilla le aveva incendiate. Soltanto dopo la nostra spiegazione dell'accaduto, rinunciò alla sua idea che un demonio si fosse insinuato furtivamente lì dentro. Non era il tipo di ragazza che si riesce a maritare facilmente, ma era graziosa e un matrimonio fu proposto. Un uomo di Varsavia, Reb Gedaliah, amministrava il denaro raccolto per una yeshivah in Palestina. I suoi figli erano sfuggiti alla coscrizione, andando in Belgio, dov'erano diventati tagliatori di diamanti. Ma il suo controllo su di loro era ancora così grande che egli organizzava perfino i loro matrimoni a distanza. Sentendo che mio padre aveva una figlia, Reb Gedaliah mandò un paraninfo, prima di venire a farci visita. Alto e corpulento, aveva la barba a forma di ventaglio. Fumando un sigaro, ci mostrò la fotografia di suo figlio, un bel giovanotto con una barba arrotondata, ma vestito in abiti moderni. A Anversa, dove viveva, suo figlio pregava quotidianamente, ci disse Reb Gedaliah, mangiava soltanto cibi kosher, e studiava il Talmud. Una prova della sua pietà era il fatto che egli lasciava a suo padre il compito di scegliere una sposa per lui. Come Eliezer, lo schiavo di Abramo, era andato a prendere Rebecca per Giacobbe, Reb Gedaliah era venuto da noi. Mio padre si accigliò, preoccupato di mandare la sua unica figlia al di là della frontiera. Ma la mamma era contenta: era diventato sempre più difficile vivere con quella ragazza stravagante. (Isaac B. Singer, Alla corte di mio padre, 1956)

Quel matrimonio per procura non portò bene a Esther, mentre suo padre, il reb chassidico e misticheggiante Pinchos Mendel Singer, la disprezzava in quanto donna. La madre la diede in balia presso una famiglia povera, questo per i primi tre anni della sua vita, poi nel 1912 tramite un matrimonio combinato fu data come sposa al polacco Avraham Kreitman, giovane espatriato ad Anversa, di professione tagliatore di diamanti. Tra gli scrittori ebraico-americani metto ai primi posti Chaim Potok (1929 – 2002), Saul Bellow (1915 – 2005), Bernard Malamud (1914 – 1986), Philip Roth (1933) ed Elie Wiesel (1928 – 2016). Mio fratello ha dedicato diverse energie in questo campo della letteratura, in particolare ha riversato esperienze e interessi sull'Olocausto.

"Campo del sangue" è la narrazione personale di un viaggio che [mio fratello] intraprende da Venezia ad Auschwitz nel 1995, interrotta da estratti da testi scritti da Levi, Antelme, Semprun, e da altri testimoni e studiosi dell'Olocausto. Come è frequente nella scrittura contemporanea sull'Olocausto, è un testo ibrido, né un romanzo né un mero diario del suo viaggio ad Auschwitz né un saggio sull'Olocausto ebraico. È un libro, la cui ibridità attesta la difficoltà di trattare eventi personali collegandoli a quelli pubblici, come nel caso de "La parola ebreo" di Rosetta Loy. L'incarico e la consapevolezza che la letteratura è impegno è il vero credo di [mio fratello]. Diversamente da molti dei suoi colleghi, orfani di assenti credenze politiche e modelli per il proprio ruolo, [mio fratello] non ha mai posto termine alla sua scrittura di impegno in favore di una produzione letteraria che potrebbe sfruttare le molte maniere postmoderne di rarefare il significato al fine di ricostruire, invece di decostruire, la realtà con le parole. I suoi scritti, da "Veglia alle armi" a "Campo del sangue" e "Un teologo contro Hitler", sono una dichiarazione di dovere etico nell'interesse dello scrittore al servizio della società. Abbiamo qui un interessante caso di un insegnante, un tipo tradizionale di intellettuale secondo Gramsci, che si è determinato a contribuire alla società con il suo lavoro. "Non bisognerebbe mai separare il pensiero dall'azione", afferma [mio fratello] [...] (S. Lucamante, L'eredità indispensabile di Primo Levi: da [mio fratello] a Rosetta Loy tra storia e finzione, DEP)

Finisco questo capitolo citando uno dei miei scrittori preferiti, Chaim Potok.

Una mattina all'inizio della primavera del 1945 [...] Avanzammo lentamente. Riuscimmo a vedere che i cancelli erano aperti. Facemmo irruzione nel campo. Fermi qua e là presso il recinto, esseri per metà uomini e per metà zombi, vedendoci entrare, ci fissavano attoniti; sembravano non sapere cosa fare o dire. La puzza era terrificante: una fogna all'aperto di escrementi maleodoranti. Il campo era lungo un po' più di mezzo chilometro e largo altrettanto. Passammo davanti ad alcuni squallidi edifici bassi che sembravano baracche, quindi arrivammo in un ampio spazio aperto con un gruppo di edifici ben tenuti ed un edificio di mattoni dotato di un camino, che risultò poi essere un forno crematorio; al di là di questo, la vista più agghiacciante che mi sia mai trovato di fronte: un vasto cimitero e fosse di corpi biancastri in putrefazione, accatastati uno sopra l'altro come legna. I fantasmi mormoranti che trovammo nelle baracche quando entrammo ci guardarono, dando inizio ad un debole lamento.

Quando seppero che eravamo americani, uno con voce rotta protestò in yiddish: "Perché ci avete messo tanto ad arrivare? Warum?" [...]

Trovammo sei sentinelle tedesche, tutte ubriache, ma con l'elmetto ancora in testa. Il sergente chiese loro: "Dove sono gli altri?" Lo guardarono stupiti, borbottando qualcosa in tedesco. [...]

Ad un tratto, rivolgendosi a me, una sentinella, un uomo alto con la mascella sporgente, disse: "Che razza di tedesco parli?" "Tedesco di New York", risposi. "Allora non è tedesco", disse lui. "Warum?", dissi io. "Questo tedesco ti va bene?"

"Non è tedesco", disse lui.

"Io sono uno di quelli che stavate massacrando!" urlai tutt'a un tratto. S'irrigidì. La sua faccia si fece rossa di rabbia. Certo non era abituato a sentirsi urlare addosso da un ebreo. Allungò la mano alla fondina della sua pistola. Io gli puntai il mio fucile contro. Feci fuoco due volte. Entrambi i proiettili lo colpirono al petto. L'uomo fu sollevato da terra per quindici centimetri e sbattuto contro il muro; cadde fulminato. Sulla parete rimasero chiazze di sangue e frammenti d'ossa. "E questo era un buon tedesco?", chiesi. (Chaim Potok, Il maestro della guerra, Garzanti, 1996)

"Fratello dove sei?", di Joel David Coen (1954) ed Ethan Jesse Coen (1957), viene considerato generalmente un ottimo film, gradevole e ottimista, dove l'America della Grande Depressione negli anni Trenta viene tratteggiata con fine ironia e dolce. La famiglia in questo film è al centro di tutto, ed è ai suoi valori che bisogna far riferimento in caso di difficoltà, ma nella vita quotidiana non sempre è così. La rottura fra il regista Gabriele Muccino e suo fratello Silvio Muccino è stata pubblica, meno note le incomprensioni tra i fratelli rapper Fabri Fibra e Nesli. Il disturbo paranoide condiviso porta un "fratello" a convertire gli altri al delirio, come i fratelli Frank e Jesse James, il caso dei fratelli Collyer e alcuni gruppi terroristici.

DIECI

Tutto quello che è scritto in questo libro mi è veramente accaduto, ma tutto quello che leggerete è esclusivamente la mia visione personale di fatti e immagini, delle quali, forse, ho solamente sognato, nella mia mente, i loro profili. Da qualche tempo ho tanta paura, mi sento confuso e spesso mi ritrovo in angoli del mio vissuto, senza mai sapere dove andare di preciso, al confine di lande, più o meno, conosciute, mentre mi perseguitano fischi provenienti da luoghi fantastici e vagheggiati di quando ero bambino. La mia Italia, la nostra Italia – così derisa e perduta, schiantata, viscida e bellissima – la vedo sempre più sbiadirsi, allontanarsi confusa verso il suo destino ignifugo. Mi sono perso, ci siamo smarriti, mentre rivedo – come spesso mi accade – come in una pellicola, i funerali dei miei genitori e anche il mio.

Il genocidio perpetrato dalla Germania nazista e dai suoi alleati nei confronti degli ebrei d'Europa, non mi ha coinvolto com'è riuscito, al contrario, a fare con mio fratello. In realtà ne sono stato assai partecipe, ma solo per collocarlo all'interno di un panorama storico assai più vasto e complesso. Genocidi e massacri si sono susseguiti fin dai tempi antichi, dalla preistoria ai giorni nostri, attraverso le varie epoche storiche. Lo sterminio di gruppi tribali o d'intere popolazioni è un'atrocità che si è perpetuata nel corso dei secoli, mutando solo nella modalità di attuazione. La teoria, però, della violenza di massa emerge maggiormente nei tempi moderni nei quali non si accendono più conflitti tra regnanti di paesi limitrofi, ma guerre che coinvolgono intere popolazioni da una parte all'altra del globo terrestre. La guerra totale non ha coinvolto soltanto singoli personaggi. La violazione costante dei diritti umani non è più opera soltanto dei regimi dittatoriali, ma ha visto la partecipazione, il coinvolgimento, se non la regia, anche degli stati democratici. La colonizzazione europea delle Americhe, l'olocausto, le purghe staliniane, le persecuzioni contro le popolazioni indigene in Africa e Australia, le atrocità consumate in tempi più o meno recenti in tutto il mondo, i crimini di guerra e le pulizie etniche sono un fenomeno assolutamente attuale. Il genocidio è la distruzione pianificata di un gruppo nazionale, cioè quando si cerca di rimuovere con la forza da un territorio un popolo o parte di esso; talvolta il termine si mischia a quello di "pulizia etnica". Il genocidio è considerato, a tutti gli effetti, un crimine contro l'umanità, insieme alla cosiddetta "pulizia etnica", lo sterminio di massa, la deportazione e il crimine di aggressione.

Oggi pomeriggio, mentre vedevo una commedia di Eduardo De Filippo, ho chiuso gli occhi e ho parlato con mio padre. Mi stava accanto e c'era anche mio fratello, si trattava di smontare il motorino di accesso di un'auto e di rimontarlo. Alla fine del sogno non stavo più riparando il motorino di avviamento di un'auto, ma ero tutto preso a riparare il contatore della luce di un non meglio identificato appartamento. Mio fratello mi assisteva, ma mio padre ci guardava fino a quando ho trovato le giuste parole per dirgli che avevamo bisogno che ci incoraggiasse. Ho abbracciaio mio padre e gli ho detto di dirmi una frase di incitamento, vera o falsa che fosse.

Una classifica interessante, che non si è mai tentata di fare, è quella relativa alle nazioni che nella storia hanno provocato direttamente o indirettamente il maggior numero di morti. Il sospetto è che ai primi posti ci siano nazioni che ancora oggi governano le sorti del mondo. L'elenco delle peggiori atrocità, tra genocidi e massacri, è un indice destinato a rimanere incompleto poiché sono veramente tanti gli episodi cruenti e sanguinosi, dalla strage degli innocenti (riguardante Erode il Grande e forse mai accaduta) alla strage di San Bartolomeo (1572). Pur citando gli eventi di maggior entità, in ogni caso ne rimangono fuori una buona parte, fra l'altro ci si può trovare nell'imbarazzante quesito se inserire anche le stragi che per altri motivi avvengono quotidianamente, come quelle dovute all'uso del tabacco oppure quelle a causa incidenti stradali o della malasanità.

Ricordo mio fratello, in un pomeriggio tiepido di una Roma annoiata, farsi carico di un'avventura, progettata da me e da lui bonariamente condivisa. È stata la prima e ultima volta che siamo usciti insieme e, visti gli eventi drammatici, credo sia rimasta impressa nella sua mente esclusivamente a livello inconscio. All'epoca mio fratello, tra le tante cose, si occupava di recensioni teatrali per un giornale della capitale. Aveva iniziato, per guadagnarsi la qualifica di pubblicista, a scrivere qualche articolo per "Il Giornale d'Italia". Questo quotidiano, dal 1980 al 2006, era considerato il giornale dei pensionati, poiché veniva venduto a un prezzo popolare e in un nuovo formato, oltre che a essere l'organo d'informazione del Movimento Pensionati uomini vivi. Mio padre ritagliava, come tutti i buoni genitori, gli articoli di mio fratello, per poi conservarli e collezionarli fino a quando riuscì a farlo. Col tempo mio fratello collaborò per altri organi di stampa e mi sembra di ricordare anche per Paese Sera, un quotidiano della capitale, fondato il 21 gennaio del 1948 per iniziativa del Partito Comunista Italiano. Negli anni questi giornali sono morti, risorti, trasformati, redenti, agonizzanti, perduti, sofferenti, rianimati, violentati, disfatti. Ogni volta che muore un quotidiano, ne soffre l'intero paese, in particolare quando hanno, tra le pagine di carta ingiallita, la cronaca della coscienza malata di un paese in agonia come il nostro.

> Nei mari estremi [...] ci fa pensare ad una croce appena piantata sul campo di battaglia ancora insanguinato, fra lacere bandiere e uniformi immerse nel fango. Siamo vicini a un personalissimo punto zero. Ci resta nella memoria una frase in cui il mito della perfetta scrittura flaubertiana, a cui la scrittrice si è sempre ispirata, viene piegato nella curva spericolata della rievocazione immediata: «In città, mentre attraversavamo una piazza (secondaria) – tenendoci per la mano! – mi accorsi che da un gruppo famigliare "dabbene" transitante un po' discosto da noi, arrivavano occhiate oblique, sospettose e gelide. Per quel che me ne importava...». Quanta vita, quanto dolore si concentri, come un vorticoso mulinello, nel punto esclamativo fra trattino e trattino, resterà un segreto inesplicabile. ([Mio fratello] Affinati, «Paese Sera», 1 ottobre 1987)

Non credo che mio padre abbia considerato suo figlio un vero giornalista, almeno fino a quando non ha individuato il suo nome in fondo a un articolo pubblicato su "Il Messaggero". Questo perché mio padre ha letto, per tutta la vita e tutti i giorni, quel solo giornale, mentre a mio fratello cedeva le pagine sportive e a me il suo sorriso. Conosco la differenza fra pubblicista e giornalista, almeno credo, e quanto i secondi la facciano pesare sui primi, ma vivo nella speranza che mio fratello abbia preservato la sua purezza, in questa

Italia servile che all'infinito attende il suo riscattato Spartaco.

> Avevo a disposizione trentanove righe. Io volevo sempre scrivere tanto, volevo scrivere chi sa che, volevo mettere un mondo in trentanove righe. (Franco Cordelli, Scrivendo come critico teatrale, Intervista a Rai Cultura)

Mio fratello, critico teatrale, mi fu utile per realizzare una mia curiosità intellettuale ed è stata l'unica volta che ho coinvolto mio fratello in un'avventura. In quei tempi ero un ragazzino e lui un ragazzo. Da quell'unica uscita con mio fratello, ho imparato tante di quelle cose, che ancora oggi quelle brevi ore passate insieme le rivivo con i brividi di una febbre mai sedata o guarita. Tutto era iniziato quando avevo notato un annuncio su un giornale, dove si ricercavano due attori e una ballerina per uno spettacolo teatrale. Ero curioso di scoprire il mondo delle audizioni, quindi presi in prestito una valigetta ventiquattro ore di mio padre, la colmai di fogli dattiloscritti alla rinfusa e insieme a mio fratello mi avviai verso un teatrino di Roma a Trastevere. L'intera faccenda ha ancora oggi dell'incredibile per me, poiché non ho mai conosciuto due persone più timide di noi fratelli Affinati. Io per introversione, anche ora, raramente chiedo informazioni stradali oppure entro in un bar con smagliante noncuranza, sempre sicuro che riserbo, discrezione e, sopra ogni cosa, la timidezza, non siano sinonimo di stupidità. Raramente da ragazzo ho trovato la forza di abbordare una fanciulla della mia età, eppure, una volta rotto il ghiaccio, quel lieve e sottile confine tra approccio e mistero, tra non conoscersi e presentarsi, all'improvviso si fa sottile ed entra in moto un motore che affascina le persone che mi circondano. Mio padre faceva la stessa cosa, quando metteva gli occhiali da sole per vendere le cravatte agli angoli della sua città, come se fossero la visiera di un elmo in grado di preservarlo dalla rabbia di farsi vedere nudo nell'anima. Noi fratelli Affinati entrammo nel teatro e, come Totò e Peppino de Filippo, vendemmo la nostra fontana di Trevi, sia al regista sia al primo attore della compagnia. All'inizio un po' dubbiosi poi sempre più presi dal loro entusiasmo si aprirono e risposero a tutte le nostre domande. Gli dicemmo che eravamo due studenti universitari, e che stavamo raccogliendo del materiale per una tesi di laurea sul teatro e che quindi eravamo interessati ad assistere alle audizioni per il futuro spettacolo che loro stavano preparando. Si trattava di una versione di "Salomè", un dramma in un atto unico scritto in lingua francese dal drammaturgo irlandese Oscar Wilde. Fin dalla sua prima rappresentazione, avvenuta al Teatro dell'Oeuvre di Parigi il 12 febbraio 1896, l'opera fu ritenuta da censurare e vietata. In Italia quando il famoso attore Carmelo Bene (1937 – 2002) la rappresentò a suo modo nel 1964 al Teatro delle Muse, i critici teatrali dell'epoca andarono in pezzi. Nel nostro caso fummo più fortunati, poiché il regista, pur avendo un passato da intellettuale e da fine dicitore, venne oscurato dal primo attore che possedeva, seppur in un involucro da semplice operaio teatrale, cariche umane e passionali incredibili. Entrambi noi fratelli Affinati fummo avviluppati dai ricordi e dai pensieri di questo attore dalla voce roca, una sorta di Tomas Milian o Franco Citti, dove l'immondizia quotidiana del quieto vivere si frammischiava all'incanto poetico dei suoi quadri reali di assai ottima fattura. Insomma fu un bel pomeriggio, dove tra un'audizione e l'altra, mentre ballerine troppo in carne imitavano la danza di Salomè al banchetto di compleanno del patrigno Erode Antipa. Uscendo dal teatro fummo avvolti dai nostri entusiasmi e, come mi accadeva tornando dal cinema insieme a mio padre, rifeci il film di quel pomeriggio così pieno di emozioni, finzioni e attimi esaltanti. Salimmo sull'autobus ancora ridenti e ci imbattemmo, nel finale del percorso, in due ragazzi che molestavano una ragazza nei pressi della fermata di via Napoleone III. Io e mio fratello ci guardammo negli occhi e, come se fossimo già d'accordo tra di noi, io, alzando la voce, dissi di lasciare in pace quella ragazza e di non dargli più fastidio. Quei due ragazzi lasciarono stare di importunare la giovane ma, quando fu la volta della nostra fermata, scesero anche loro e ci vennero dietro provocandoci. Arrivati al portone di casa nostra, per evitare che venissero a conoscenza di dove abitavamo, proseguimmo il nostro cammino verso la chiesa di Sant'Eusebio, dove c'era anche un posto di polizia. Non facemmo in tempo ad avanzare che ci vennero addosso, mentre uno teneva mio fratello, l'altro lo ricevetti in pieno. Trascinato in terra, rotolando arrivammo sopra i binari del tram in direzione di piazza Vittorio. I cattivi, all'epoca, i veri danni te li facevano con le testate, infatti, la prima mi ruppe il labbro inferiore, mentre le altre le bloccai tutte con la mano sinistra aggrappata al colletto del suo giubbotto e chinando la mia fronte verso le sue labbra. Mio fratello intanto era stato arrestato al muro da quell'altro ragazzo, ma dalla sua prospettiva poteva temere il peggio. Lo vedevo agitarsi preoccupato, incapace di intervenire, nonostante la sua altezza, la sua maggiore età e la sua preparazione atletica, infatti, correva in gare ufficiali i 400 metri con ottimi tempi, ma non seppe proteggermi e aiutarmi. Quando un ragazzo di strada incontra un uomo che legge libri, non c'è storia, si possono solo limitare i danni. Ho sempre saputo che mio fratello, se avesse potuto farlo, mi avrebbe aiutato, ma non era capace di fare a pugni. L'ho sempre adorato per questo, perché è sempre spettato a me fare il bastardo in famiglia, sfondare una porta con un pugno. Non uscimmo mai più insieme da quel giorno, non vivemmo più nessuna avventura e vidi sempre nei suoi occhi la paura coscienziosa di non potermi aiutare mai, in nessuna situazione. Non riuscì mai a scrivere quella sensazione, a descrivere quei fatti, pur avendo caratteristiche di scrittore autobiografico assai elevate. Quel giorno mi rialzai quasi incolume, ma il destino, lo seppi solo in seguito, ci aveva posto sulla strada di Giovanni Fiorillo, detto lo "tzigano" per via dei suoi capelli ricci. Questo nome a Roma non è molto noto, ma è ancora scritto sui muri quello della sua vittima. Poco tempo dopo la rissa che ebbe con me, quel ragazzo dai capelli ricci uccise, allo stadio Olimpico di Roma, il tifoso della Lazio Vincenzo Paparelli, padre di due figli. In seguito conobbi sia il padre sia un parente di Giovanni Fiorillo, morto per droga a trentatré anni, entrambe persone semplici e grandi lavoratori, con un banco di fiori a piazza Vittorio.

> Quello che è accaduto in occasione del derby prima ancora che i giocatori scendessero in campo, quello che accade in pratica ogni domenica durante il campionato di calcio, contribuisce a formulare alcune domande tuttora inevase che non possono essere rivolte soltanto ai diretti interessati ma riguardano tutti noi, in un modo o nell'altro. Chi sono questi individui? Perché utilizzano lo sport in maniera strumentale? In quali oscuri antri affonda la loro sete di violenza? ([Mio fratello] Affinati, articolo pubblicato sul "Corriere della Sera" il 7 febbraio 2003)

Spesso un film, una moda, un personaggio, un libro, riporta in vetrina fatti lontani e tragici, sui quali è destinato, ben presto, a calare di nuovo il silenzio. Fino a qui una lunga ma non completa lista di eccidi, ognuno dei quali degno di nota e a cui dedicare un intero volume, ma c'è una strage che mi ha sempre angosciato fin da bambino, senza mai trovare soluzione. Se volete camminare all'interno della vostra Italia, allora, dovrete scegliere una località e andarci scevri da ogni risentimento o ideologia, in cerca del vostro passato e della vostra volontà di resurrezione. Il mio viaggio personale è praticamente scritto e mi porta a Pievequinta, in una zona a dieci chilometri da Forlì in Romagna, sulla strada statale 254 per Cervia, dove sorge un cippo che ricorda una fucilazione. Il 26 luglio 1944, in seguito all'uccisione di un soldato tedesco avvenuta a poca distanza da Carpinello di Forlì, furono fucilate dieci persone e i loro corpi lasciati per due giorni sul luogo dell'esecuzione quale monito alla popolazione. Il soldato tedesco andava in motocicletta ed era incappato in una trappola mortale, infatti, era stato sbalzato di sella a causa di un filo di ferro teso da un capo all'altro della strada. È probabile che sia questo il motivo della decisione di fucilare mio nonno Alfredo Cavina (detto il Vecchio) a Pievequinta, insieme al sacerdote don Francesco Babini, Antonio Zoli (detto Fiscin), Luigi Zoli, Alfiero Bartolini, Antonio Luccini, il dottor Biagio Molina, William Pallanti, Edgardo Rodolfi (detto Lignon) e Mario Romero. Morirono insieme, ognuno con i propri ideali, comunisti, anarchici, partigiani, sacrestani e preti.

Nato a Casalfiumanese (Bologna) il 28 maggio 1903, fucilato a Pievequinta (Forlì) il 26 luglio 1944, muratore. Antifascista, e come tale schedato dalla polizia, "il Vecchio" (come veniva chiamato nella Resistenza), durante la Seconda guerra mondiale diventò partigiano reclutatore, inquadrato in quella che si sarebbe poi chiamata 36ª Brigata Garibaldi "Alessandro Bianconcini". Cavina operava, col figlio Domenico (nome di battaglia "Bill"), nella zona di Imola e Riolo Terme, tra il Senio e il Santerno. Il 13 giugno 1944, in seguito a delazione, "il Vecchio" fu catturato dalle Brigate Nere, che arrestarono anche la moglie (Rosina Padulli) e le figlie Maddalena e Diana. Trasportati nelle carceri di Forlì e consegnati ai tedeschi, i Cavina furono sottoposti a stringenti interrogatori. Alfredo, prelevato dalla sua cella il 26 luglio, fu portato a Pievequinta. Qui fu fucilato con don Francesco Babini e altri nove antifascisti. La moglie e la figlia Diana, quattordicenne, furono liberate. La figlia Maddalena fu destinata alla deportazione in Germania. Durante il viaggio, al confine di Tarvisio, riuscì a fuggire e si unì alle brigate partigiane attive in provincia di Udine. (Donne e uomini della Resistenza, Anpi)

La retata, che distrusse la cellula partigiana di Riolo Terme, fu eseguita in seguito a una delazione fatta da un infiltrato che, fingendosi un militare sbandato in cerca di aiuto, aveva incontrato una giovane del luogo. Il giovane, appartenente alle brigate nere, chiese all'ingenua ragazzina a chi poter chiedere aiuto per aggregarsi ai partigiani in montagna. Quella ragazza era mia madre e le sue informazioni portarono all'arresto di svariati partigiani, compreso mio nonno. Mia madre, che aveva diciassette anni, fu arrestata ma resse al durissimo interrogatorio, dove, colpita alla testa e alla bocca, perse un dente. Imprigionata e messa su un treno diretto in Germania, alla stazione di Udine riuscì, in maniera avventurosa e rocambolesca a fuggire il 2 agosto 1944. Mia madre, prima di giungere al confine di Tarvisio, si era fatta bella cambiandosi di vestito e, giunta all'ultima stazione dove il treno aveva fatto sosta, si era avvicinata alla sentinella tedesca per chiedergli se poteva andare a prendere un po' d'acqua. Il tedesco, facendosi capire con i gesti, gli aveva mimato che se provava a fuggire gli avrebbe sparato. Mia madre, con il sorriso sulle labbra, si avvicinò alla fontanella sulla banchina ferroviaria e, mentre riempiva la caraffa, giunse un treno che provocò parecchia confusione, distraendo la sentinella. In quel momento preciso mia madre, alzando la testa, vide un ferroviere che dietro a un angolo della stazione, a cavallo di una bicicletta, gli fece il gesto di corregli incontro. Mia madre si girò un attimo e all'improvviso si mise a correre in direzione del ciclista, appena in tempo per salire sulla canna della bicicletta per fuggire verso l'ignoto. Quell'uomo si chiamava Battaglin e molti anni dopo, mia madre avrebbe letto su un giornale che si era suicidato per amore. Le stragi, talvolta, trovano nel campo della fantasia uno sfogo alla propria vena letteraria. Nel primo volume delle "Cronache del ghiaccio e del fuoco" (1996) dello scrittore statunitense George R. R. Martin, la storia si apre con un nobile di soli diciotto anni, ser Waymar Royce, ma già capo di una spedizione di ranger dei guardiani della notte. Lui morirà ucciso dagli estranei (morti viventi), mentre il secondo componente, Will (il narratore di questo capitolo), assisterà in cima a un albero alla carneficina, per poi riuscire a fuggire e a disertare. Nel secondo capitolo, Bran (il narratore), assiste e descrive l'esecuzione capitale del disertore Will, decapitato, con la spada, da Eddard Stark di Grande Inverno, perché per una legge atavica gli Stark seguono la tradizione, che vuole che sia chi emette la sentenza di morte ad avere il coraggio di eseguirla. Sulla via del ritorno, il gruppo degli Stark incontra la carcassa di una metalupa, che però intorno a sè ha ancora la sua prole, cioè sei cuccioli che verranno affidati ai cinque figli ufficiali di Eddard Stark (tre maschi e due femmine) oltre che al suo bastardo, cioè a Jon Snow. Inizia così una saga fantasy che vede la famiglia e i rapporti tra fratelli, tra le altre cose, al centro delle vicende. Odi familiari, fratricidi, omicidi e sete di potere alimentano, di volta in volta, la rabbia e la vendetta, tra stereotipi e avventure. Questo scrittore ha venduto oltre 60 milioni di copie, cifra di anno in anno sempre più in aumento, grazie anche alla sua capacità di trasformarsi da "master" di giochi di ruolo in autore fantasy. All'interno del ciclo narrativo la confraternita "I Guardiani della notte", dedita alla difesa della Barriera, ricopre uno dei ruoli fondamentali. Ancora oggi in Italia sono attive decine di confraternite a carattere religioso, che spesso si riuniscono in occasioni di processioni e ricorrenze.

> Udite le mie parole, siate testimoni del mio giuramento. Cala la notte, e la mia guardia ha inizio. Non si concluderà fino alla mia morte. Io non avrò moglie, non possiederò terra, non sarò padre di figli. Non porterò corona e non vorrò gloria. Io vivrò al mio posto, e al mio posto morirò. Io sono la spada nelle tenebre. Io sono la sentinella che veglia sulla barriera. Io sono il fuoco che arde contro il freddo, la luce che porta l'alba, il corno che risveglia i dormienti, lo scudo che veglia sui domini degli uomini. Io consacro la mia vita e il mio onore ai Guardiani della Notte. Per questa notte e per tutte le notti a venire. (dalla serie televisiva Il Trono di Spade)

C'è una pellicola che, a prima vista, può risultare melensa, in realtà "Piccole donne", un film del 1949 diretto dal regista Mervyn LeRoy, tratto dall'omonimo romanzo di Louisa May Alcott, parla di una famiglia composta da un padre che è impegnato nella guerra civile americana, da una madre indaffarata a tirare su quattro figlie: Jo (June Allyson), Amy (Elizabeth Taylor), Meggy (Janet Leigh) e Beth (Margaret O'Brien). Nel film si evidenzia il rapporto tra sorelle: combattuto, tragico, sentimentale, aggregante, disgregante, ingenuo, profittevole, imbarazzante, mielato, perfino religioso. Nei dialoghi si evidenzia sia la conflittualità sia l'ironia della famiglia, nel tentativo di educare, dove la ribelle Jo parla a sua sorella Meggy, ma così facendo si trasforma in una perfetta educatrice calvinista.

« Dove vuoi andare? »

« Io? In nessun posto. »

« E allora aspetti qualcuno! »

« Io? »

« Si! Tu! »

« Umh! Uhm! »

« Stai aspettando quell'uomo? »

« Non so di chi vuoi parlare. Se alludi al signore Brooke... »

« È il solo che venga qui! Non crederai di esserne innamorata, perché io posso dirti che non lo sei! »

« Non lo sono? »

« No, è impossibile. Vedi Meggy io sono una scrittrice e scrivo romanzi d'amore e quindi lo so. Non hai nessun sintomo. Mangi benino, dormi come un ghiro, non sei nervosa o irritabile, non cerchi la solitudine, perciò non sei innamorata. Quindi, tu non devi sposare quell'uomo! »

« Ma io non voglio sposare nessun uomo! »

« Davvero? Evviva allora! Sei un tesoro! E che gli dirai quando verrà a chiedere la tua mano? »

« Deh... Ecco, forse non verrà per niente, ma se venisse gli direi con calma e con freddezza: "Grazie signor Brooke, siete molto gentile, ma trovo che *mami* ha ragione, per ora sono troppo giovane per impegnarmi, perciò non dite altro e restiamo amici come prima. »

« Brava! Questo lo gelerà e quando lo avrai liquidato, tutto tornerà come una volta! »

Troppo spesso nelle famiglie l'amore diventa un possibile uragano, in grado di sconvolgere le compassate abitudini familiari, senza avere comprensione, indulgenza, paradigma di ancestrali e sublimali concezioni arcaiche.

UNDICI

Sì, certo a casa nostra, tra i dischi in vinile e a 45 giri, oltre ad Adriano Celentano e Gene Pitney, c'erano anche gli stornelli romaneschi di Arcangelo Pippanera, che non erano proprio uno specchio di virtù e forse neanche culturalmente così elevati. A cantarli però, dietro un alias inverecondo, c'era un pugile romano, nato a Tor Marancia e traslocato agli "Alberghi" della Garbatella, quattro palazzoni chiamati così, disegnati alla fine degli anni '20 dall'ingegno di Innocenzo Sabbatini, nei pressi di piazza Eugenio Biffi. Il pugile cantante indossava un nome che oggi non fa più paura, ma che nel dopoguerra evocava palestre come l'Indomita e l'Audace. Si chiamava Alvaro Nuvoloni (1924 – 1986) con un record di trentaquattro incontri, senza mai finire KO, pur avendo perso ogni tanto ai punti. Era una macchina da pugni, un peso gallo indomito, coraggioso e piccolo di statura, uscito dalla vita delinquenziale per salire sul ring in cerca di fortuna. Dalla Shangai romana, Alvaro Nuvoloni passò all'Albergo bianco, nel Lotto 11 di Piazza Biffi, in pratica nello stesso quartiere dove mio fratello si è trasferito con la sua scuola per stranieri. Fra i due luoghi, c'è il Parco Cavallo Pazzo a dividerli.

> La Penny Wirton è una scuola di lingua italiana per stranieri. I corsi, diretti da [mio fratello] e Lucia [...], sono attivati a Roma, grazie al contributo di uomini e donne disposti a insegnare in modo gratuito. Si tratta di uno spazio didattico interamente rivolto agli stranieri residenti, o in temporaneo soggiorno, in Italia. Le scuole sono attivate col volontario contributo di uomini e donne che intendono insegnare gratuitamente la nostra lingua: neolaureati, docenti in pensione, docenti in attività, cultori della lingua italiana, persone in grado di condividere le proprie conoscenze "a tu per tu".

I riferimenti letterari sono diversi, sia perché Penny Wirton è un personaggio letterario, tratto da un libro di Silvio D'Arzo, pseudonimo di Ezio Comparoni (1920-1952), sia perché la sede della scuola è ospitata presso la struttura Moby Dick in via Ferrati alla Garbatella, negli ex bagni pubblici, costruiti agli inizi del Novecento, con la funzione di servizi igienici del quartiere. Intervistato, mentre era in concorso per il premio Strega con "L'uomo del futuro", mio fratello risponde così:

> *Ricorda qual è stato il primo libro che ha letto?*
> Credo fosse "Il giro del mondo in ottanta giorni" in una riduzione per ragazzi. O potrebbe anche essere stato "Robinson Crusoe", se non addirittura "Moby Dick", sempre in versione ridotta. La prima vera opera integrale, "I quarantanove racconti" di Ernest Hemingway, la sottrassi a un parente perché a casa mia non c'erano libri.
> *Ci sono scrittori con cui sente di essere in debito?*
> Tutti quelli che ho letto e continuo a leggere, quindi la lista sarebbe infinita. In primis Silvio D'Arzo, su cui mi sono laureato e al quale ho dedicato la Penny Wirton, una scuola di italiano per immigrati. (Intervista per il premio Strega 2016, in concorso con L'uomo del futuro Mondadori)

Ritorna, come un tormentone, l'idea che nella nostra famiglia non ci fossero libri, in realtà nostro padre ci regalava le versioni dei libri della collana "I Birilli", oggi dell'editore De Agostini. I libri che cita mio fratello li ricordo bene, sono tutti nel mio cuore, perfino le copertine originali fanno parte della mia anima. Il primo libro che ha letto mio fratello è stato presumibilmente "Michele Strogoff", scritto nel 1876 da Jules Verne, senza il quale l'amore per i romanzi russi non si sarebbe così fortemente radicato nel suo animo. Jules Verne, spesso italianizzato in Giulio Verne (1828-1905), ha rappresentato per la maggior parte dei ragazzi della nostra generazione un punto di riferimento, insieme a Emilio Salgàri (1862-1911), l'autore di Sandokan e del Corsaro Nero. Entrambi scrittori ritenuti popolari e visti sempre con malcelata sufficienza dalla critica letteraria, fino al punto di ignorarli completamente nelle antologie scolastiche oppure denigrandone la loro inventiva.

> Stiamo parlando di una letteratura disposta a sacrificare la qualità stilistica e contenutistica in favore delle esigenze di un pubblico vasto ed eterogeneo, in maniera tale da conseguire, più che il plauso della critica, il consenso dei lettori. La letteratura di

consumo è intesa, in questo senso, come «letteratura d'intrattenimento». [...] Esemplificando, si può dire che la differenza fra un giallo di Agatha Christie (autrice di consumo) e uno di Leonardo Sciascia (autore letterario) sta nel fatto che nel primo caso lo scopo della storia è il plot stesso, ovvero il piacere di seguire e casomai anticipare il modo d'indagine e la scoperta del colpevole, mentre in Sciascia la struttura giallistica si trasforma in strumento di ritratto sociale e analisi psicologica. [...] D'altronde l'evoluzione più recente dei generi (che si tratti di horror, fantasy, fantascienza, romanzo poliziesco, "rosa", o altro) fa pensare che ormai, lungi dal volersi "ghettizzare", questi aspirino ad essere riconosciuti a tutti gli effetti come letteratura di primo livello. [...] Queste nuove forme di letteratura che ricercano frequentemente la suspense, il sensazionalismo, la dinamicità, il sentimentalismo per creare la massima tensione del lettore verso l'esito della vicenda, senza richiedergli un eccessivo impegno intellettuale, o che si rivolgono a fasce mirate di destinatari come ad esempio i bambini e i ragazzi, vengono presto etichettate come letteratura minore o "paraletteratura", e come tali pressoché ignorate dai critici, i quali tuttavia finiscono, in questo modo, per rinnegare i pur numerosi esempi di letteratura "di consumo" ma di ottimo livello artistico. (Letteratura di consumo, da Wikipedia, l'enciclopedia libera, ultima visita il 19 aprile 2016)

La tesi di laurea di mio fratello verteva sulla figura dello scrittore Silvio D'Arzo e, all'epoca, l'insegnante Lucia era la sua instancabile studiosa. Per questo mio fratello la contattò, iniziando, così, un lungo rapporto epistolare che noi in famiglia vivemmo con accorta e piacevole neutralità. Non so come e quando sbocciò il loro amore, in ogni caso dopo un viaggio di mio fratello in Romagna, venne il giorno di Lucia di giungere a Roma. La vita di mio fratello è stata sempre particolarmente ritirata e abitudinaria, quindi, in famiglia, qualunque palese difformità veniva annotata. Quella notte mio fratello non dormì a casa, mia madre ne dedusse che avesse passato la notte in un albergo con Lucia, per lei questo significava l'inizio di una storia importante con una donna in via di separazione dal marito e con una figlia. Non ho avuto mai un buon rapporto con mia madre, l'ho sempre ritenuta impicciona e con la bocca troppo larga, mentre mio padre risultava, di conseguenza, assai più riservato.

Bisogna essere genitori per comprendere, ma gli aspetti caratteriali sono importanti all'interno di una famiglia.

> I primi tempi che la Paola era sposata, mia madre spesso piangeva, perché non l'aveva più in casa. Erano, mia madre e la Paola, molto unite, e si raccontavano sempre una quantità di cose. A me, mia madre, non raccontava niente, perché le sembravo piccola; e poi perché diceva che io «le davo poco spago». (Natalia Ginzburg, Lessico famigliare, 1963)

La risposta di mio fratello è stata di tipo diverso, mentre il suo giallo interiore s'infittiva, diventando negli anni un caso di coscienza.

> Dava la colpa a suo padre; dava la colpa a sua madre; dava la colpa a Shama. In cuor suo la colpa si susseguiva confusamente alla colpa, ma dava sempre più la colpa alla "Sentinel", e lasciava intendere ferocemente a Shama, quasi fosse parte del consiglio d'amministrazione del giornale, che avrebbe tenuto gli occhi aperti per un altro posto, e che, nel peggiore dei casi, avrebbe sempre potuto fare l'operaio per gli americani. (V. S. Naipaul, Una casa per il signor Biswas, 1961)

Se un giorno io dovessi parlare di Giovanni Pascoli (1855-1912) e delle sue poesie studiate a scuola, di quella sua cavalla storna, di quel suo padre assassinato misteriosamente, per poi scoprire che era anche un anarchico, massone, ubriacone, piccolo borghese e innamorato perso di sua sorella, tutto questo ne farebbe un criminale?

> Di che reggimento siete
> fratelli?
> Parola tremante
> nella notte
> Foglia appena nata
> Nell'aria spasimante
> involontaria rivolta
> dell'uomo presente alla sua
> fragilità
> Fratelli
> (Giuseppe Ungaretti, Fratelli, L'allegria, 1943)

DODICI

Mia madre aveva l'utero retroversoflesso e, negli anni cinquanta, la donna che aveva questa patologia si sentiva un relitto dell'umanità, poiché spesso diventava causa di sterilità. I chirurghi operavano, finché qualche medico si ribellò a questa pratica inutile e ai giorni nostri sappiamo che l'utero retroversoflesso non è una patologia che possa incidere sul ciclo riproduttivo della donna. Sta di fatto che mia madre, vedendo mio padre assai propenso ad avere figli, non riuscendo ad averne venne alla conclusione di adottarne uno. All'epoca era molto semplice adottare un bambino, bastava recarsi presso un orfanotrofio, spesso gestito da suore e in pratica "scegliere" tra quelli disponibili. Non c'erano particolari adempimenti, e il racconto di mia madre si fa assai realistico quando descriveva questi bimbi dietro i cancelli, in attesa di trovare dei genitori. Negli anni sessanta più di trecentomila minori erano ricoverati in istituti, e l'autorità giudiziaria si limitava a ratificare le decisioni prese dagli enti di assistenza e dagli aspiranti adottanti. I miei genitori decisero di adottare una bimba riccioluta, dai modi assai teneri e dai tratti somatici assai simili, affinché nessuno potesse mettere in dubbio l'eventuale paternità. All'ultimo momento i miei genitori decisero di rimandare l'adozione, nella speranza di poter procreare in maniera naturale. Mio fratello nasce, secondo i miei genitori, nel 1956, con i capelli ricci. C'è una foto che mi ritrae insieme a mio fratello in spiaggia a Ostia, in mezzo c'è un pupazzo di Topo Gigio, un personaggio immaginario, creato in Italia per la televisione nel 1959 da Maria Perego. Abbiamo entrambi un'espressione attonita, io stringo nella mano il pupazzo di pezza e mio fratello appare notevolmente più alto rispetto a me. Io con i capelli lisci e biondissimi, mentre lui appare riccio e castano, così, con la sua aria inconfondibile, lontano, oltre ogni intenzione di protezione. Mia madre nel 2017 è ancora viva, colpita da un ictus che la protegge da ogni allergia esterna, privata delle sue facoltà mentali, forse, ma ancora riconoscibile nei suoi tratti psicologici e nelle sue idiosincrasie. Ogni frase detta ora ci appare lontanissima, celata dietro pensieri altalenanti, stanca, quasi addormentata, ma lucida e in grado di sorridere in alcune brevi parti della giornata. Lei alle mie domande su mio fratello, ai miei interrogativi ha sempre negato fino all'ultimo, perché il romanzo avventuroso della sua vita era già stato scritto, ma la verità uscì in un pomeriggio piovoso, tra una lacrima e la mia indegna volontà di sapere.

> La legge n. 219/2012 e il D. Lgs. n. 154/2013 hanno unificato lo stato giuridico di tutti i figli legittimi, naturali e adottivi. Ora non si usano più le espressioni "figlio legittimo" e figlio naturale ma, soltanto a certi fini, le espressioni figlio nato nel matrimonio e figlio nato fuori del matrimonio.

Cosa hanno in comune John Lennon (cantante), Nelson Mandela (presidente sudafricano e premio Nobel) e Steve Jobs (il fondatore di Apple)? Sono tutti bambini adottati e non sono gli unici.

> Se è vero che tutto si prepara nell'infanzia tutto si gioca nell'adolescenza. (Evelyne Kestemberg)

Forse perché c'è sempre tempo per ristabilire sia la verità sia le giuste dosi per condire una vita empia di ferite dovute all'abbandono. Cosa hanno in comune due persone, se una vive nell'aria e l'altra dentro il suo cuore? Io non ho ricordi dell'infanzia, so che sono nato al Policlinico di Roma, che c'era zia Elena che studiava da infermiera, che mio padre mi venne a trovare alla chiusura del negozio. Su mio fratello non ci sono ricordi esterni, soltanto i suoi, infatti, egli si ricorda di quando era un bimbo in fasce e le foto sono quelle di un pupo, che poi crescerà. Nessuna traccia, solo voci.

Papa Francesco (Buenos Aires, 17 dicembre 1936) considera gli uomini che chiacchierano, cioè coloro che sparlano, dei veri e propri cristiani omicidi. Nella categoria degli omicidi, secondo lui, rientrano tutti quelli che dicono male degli altri, quelli che invidiano, che con le loro lingue dividono, calunniano e diffamano. Papa Francesco dice e rivendica che:

> [...] Un cristiano omicida... Non lo dico io, lo dice il Signore. E su questo punto, non c'è posto per le sfumature. Se tu parli male del fratello, uccidi il fratello. E noi, ogni volta che lo facciamo, imitiamo quel gesto di Caino, il primo omicida della storia. (Francesco Jorge Mario Bergoglio, La verità è un incontro: Omelie da Santa Marta, Rizzoli 2014)

Mio fratello, credo, sia sempre favorevole a preservare Caino, nel senso che anche lui, come il Signore, si pronuncia a favore dei ragazzi "erranti come Caino", poiché lui stesso si definisce un insegnante "innamorato dei ragazzi problematici".

Caino disse al fratello Abele: «Andiamo in campagna!». Mentre erano in campagna, Caino alzò la mano contro il fratello Abele e lo uccise. Allora il Signore disse a Caino: «Dov'è Abele, tuo fratello?». Egli rispose: «Non lo so. Sono forse il guardiano di mio fratello?». Riprese: «Che hai fatto? La voce del sangue di tuo fratello grida a me dal suolo! Ora sii maledetto lungi da quel suolo che per opera della tua mano ha bevuto il sangue di tuo fratello. Quando lavorerai il suolo, esso non ti darà più i suoi prodotti: ramingo e fuggiasco sarai sulla terra». Disse Caino al Signore: «Troppo grande è la mia colpa per ottenere perdono! Ecco, tu mi scacci oggi da questo suolo e io mi dovrò nascondere lontano da te; io sarò ramingo e fuggiasco sulla terra e chiunque mi incontrerà mi potrà uccidere». Ma il Signore gli disse: «Però chiunque ucciderà Caino subirà la vendetta sette volte!». Il Signore impose a Caino un segno, perché non lo colpisse chiunque l'avesse incontrato. Caino si allontanò dal Signore e abitò nel paese di Nod, ad oriente di Eden. (Bibbia, Genesi, capitolo 4)

I ragazzini che fuggono dalla guerra, alla ricerca di una nuova vita, non sono certo degli assassini, ma anche loro, secondo mio fratello, camminano raminghi come Caino. Nella vita quotidiana, così come nel cinema, i fratelli si uccidono tra di loro, litigano, combattono, nulla di straordinario, se non fosse che tutti noi pensiamo che non sia giusto moralmente. Ci sono due pellicole che possono rappresentare le tensioni tragiche oppure etiche tra fratelli, in ogni caso non sempre i film da me citati devono per forza essere dei capolavori, anzi spesso è vero il contrario. Il primo è "Fratelli" (1986) del regista Abel Ferrara, dove mafia e famiglia danno, per l'ennesima volta, prova della crisi di valori della nostra società. Uno dei fratelli Tempio viene ucciso, e così gli altri due si mettono sulle tracce dei mandanti (Vincent Hallo, Chris Penn, Christopher Walken), ma alla fine sarà uno dei fratelli (Chez) a mettere fine alla tragedia, lo farà uccidendo tutti, colpevoli e innocenti, compreso suo fratello vivo (Ray) e sparando anche a quello già morto (Johnny), per poi suicidarsi.

« Levati di mezzo o peggio per te! Hai capito che cosa ti ho detto! Stronza! Via, via! »

« Ma siete Pazzi! »

« Dai dimmelo Johnny! Che cazzo mi devi dire? », mentre la moglie di Chez cerca di dividere i due contendenti.

« Non ti mettere in mezzo tra due fratelli! Non ti mettere tra me e mio fratello, perché se no ti spacco la faccia! » [...]

« Tu ti vendi l'anima per mille dollari al mese, fai la predica a me e poi fai lo stronzo! È questo quello che fai? Tu sporchi la terra dove cammini. Non vali un cazzo. Niente! Zero! Vuoi arricchire quel pezzo di merda? Va bene Chez, ma non mi mettere in mezzo. Lasciami fuori, perché io ti sputo in faccia. Non sei niente per me. Fanculo tu e lui! E ti dico un'altra cosa Chez! Ci vuoi andare pure a letto? Vuoi andare a letto con quello? » urla Johnny.

« Come hai detto? » gli chiede Chez.

« Stai attento a casa tua! »

« Cosa hai detto? »

« Hai sentito bene, cosa ho detto. »

« Brutto figlio di puttana! Io ti... Ti insegno io a campare, fratello di merda! », Chez salta addosso a suo fratello Johnny e lo demolisce a pugni in faccia.

« Così, così, così... » e un pugno per ogni parola detta, giù dura sul viso del fratello, ormai privo dei sensi, fino a che le donne riescono a separarli.

« È tuo fratello, è tuo fratello » grida la moglie a Chez, mentre la scena sfuma, è stata una scena retrospettiva, un flashback.

La seconda pellicola è "La montagna" (1956) del regista Edward Dmytryk, con gli attori Spencer Tracy e Robert Wagner, che interpretano la parte di due fratelli, il più anziano moralmente irreprensibile, mentre il più giovane corrotto nell'anima. Durante una spedizione di soccorso su una montagna, dove è precipitato un aereo che trasportava una somma ingente, il fratello-angelo salverà una vita umana sopravvissuta, mentre il fratello-diavolo, dopo aver recuperato i soldi, morirà precipitando in un baratro. Il rapporto tra fratelli o sorelle, non solo nel mondo del cinema, è trattato ampiamente e con mille sfaccettature, infatti, anche diverse canzoni ne ampiano la visuale, relazionandone le impressioni e i coinvolgimenti. Non è solo Rino Gaetano con "Mio fratello è figlio unico" a provocarci con i suoi paradossi, anche Francesco De Gregori con i suoi ermetismi ci porta su strade alternative:

> Dov'eri tu quando restavo zitto ed ero ingenuo come era una bestemmia, dov'eri tu con la pace nel cuore.
> Tu mi stavi ammazzando, tu mi stavi ammazzando con amore.
> (F. De Gregori, Buonanotte fratello, Alice non lo sa, 1973)

Gli risponde Ivan Graziani, con "Palla di gomma" (1983), che, rivolgendosi alla sua idealizzata sorellina, lega insieme innocenze, bugie, cattiverie, stranezze e la rabbia che unisce il tutto come un fascio di catene. In fondo, anche Jovanotti con "Fango" (Safari, 2008) ci suggerisce che non si è mai soli, anche quando siamo soli, specie quando c'è un fratello o una sorella, seppur lontani o inaffidabili. Tiziano Ferro con "Mio Fratello" (Nessuno è solo, 2006) afferma che suo fratello è tutto un paradosso, perché ride quando non c'è nulla da ridere oppure quando l'ha visto sul giornale sorridere, ma lui sapeva che stava male. Renato Zero ci urla la sua angoscia cantando:

> Tu che sei mio fratello, la mia donna, il mio dio. Tu che vivi in silenzio, Non scordare, il nome mio.
> (Renato Zero, Tu che sei mio fratello, Invenzioni, 1974)

In "Mia sorella" (Evviva i pazzi, 2005), il cantautore Povia tocca il problema dell'anoressia e ci rammenta che i fratelli si assomigliano, che sanno sempre cosa provano in questo mondo dove si trovano sempre fuori posto. In "Sangue" (2006) del rapper romano Brusco, il termine fratello si allarga a dismisura, dove è la tribù a diventare famiglia, parte della vita, amici, fratelli e sorelle, sangue del mio sangue. In "Sorella Mia" (Dalla pace del mare lontano, 2003), Sergio Cammariere trasforma in musica le parole di Roberto Kunstler, che esprimono amore, come fa Vasco Rossi in "Una canzone per te" (Bollicine, 1983), dove donna, sorella, amore sono parte della stessa essenza.

Mio fratello, una volta laureato, iniziò a dare qualche ripetizione e poi, non appena ne ebbe l'occasione, partecipò a un concorso per una cattedra per l'insegnamento dell'italiano nelle scuole superiori. Nonostante il suo ottimo tema e la sua preparazione, durante la prova orale, gli vennero fatte delle domande di geografia, non mi ricordo se sui meridiani o l'equatore. Probabilmente non si aspettava domande di quel genere e le risposte, forse, non furono all'altezza, sta di fatto che non riuscì a rientrare tra i vincitori, nonostante l'eccellente prova scritta e l'aver risposto a tutte le altre domande. Rinunciato all'insegnamento, con molta amarezza, mio fratello partecipò a dei colloqui di lavoro per un posto in una nota casa automobilistica di oltralpe, che cercava un funzionario per l'ufficio stampa. Alla fine dovettero scegliere tra lui, che sapeva scrivere molto bene, con una conoscenza del francese decente e un'altra persona, che aveva invece un'ottima conoscenza tecnica dei motori ma doti inferiori nel creare un articolo. La scelta finale cadde su mio fratello, che iniziò così a lavorare, laggiù sulla via Tiburtina, con la sua cravatta, senza la quale non sarebbe stato neanche accolto in ufficio. Si trattava di un lavoro, dove l'immagine era importante e, forse, questo continuo mettersi una maschera lo deve aver assai provato. Personalmente lo vedevo uscire, senza mai pormi il quesito se era felice, per me che non ho mai lavorato veramente, l'ho sempre considerato una persona fortunata, ma con la preparazione giusta a cogliere l'attimo. All'improvviso mio fratello si licenziò, lasciando uno stipendio buono e un posto fisso, cosa all'epoca incomprensibile, in particolare per mio padre. Mio padre avrebbe voluto un figlio ragioniere e un altro laureato in economia e commercio, poi col tempo si abituò ad avere dentro casa uno scrittore (mio fratello) e un abulico (io). La mia famiglia prese la decisione di mio fratello con il terrore della piccola borghesia, perché secondo la logica, prima si trova un nuovo lavoro e poi si lascia il vecchio. Dopo una settimana mio fratello ricevette una raccomandata, in cui si comunicava la sua assunzione a ruolo d'insegnante, visto che la graduatoria del concorso avvenuto anni prima era stata ampliata di centinaia di unità. Credo sia stata la cosa giusta per mio fratello, che si ritrovò così a fare l'insegnante, senza sapere che sarebbe diventata una delle professioni più adatte alle sue doti, insieme a quelle di scrittore, giornalista e saggista.

TREDICI

Mio fratello mangia gli spaghetti e i vermicelli, e ogni tipo di pasta lunga, con la forchetta e il cucchiaio, in maniera che gli rimanga più facile arrotolare il tutto, insieme al sugo. Tale abitudine l'ho sempre trovata "particolare", infatti, ogni volta che si sedeva a tavola, vedevo mio fratello in cerca del suo strumento. Gli spaghetti che mangiamo noi italiani non arrivano dalla Cina, ma ci vengono dalla Sicilia, probabilmente una sorta di pasta tagliata a strisce sottili, proveniente dai mulini dell'isola già intorno al 1100. La verità è che ogni civiltà mediterranea ed estremo orientale si è arrangiata come ha potuto, miscelando l'acqua con le varie tipologie di farine e riuscendo, in maniera assai autonoma, a sviluppare così una produzione assai apprezzata. Come mangiarli è tutta un'altra storia, infatti, all'inizio si mangiavano con le mani, anche perché le forchette, una volta inventate, avevano tre rebbi e solo aumentandone il numero a quattro, gli spaghetti non furono più a uso esclusivo del popolo, ma entrarono anche nei pranzi ufficiali della nobiltà. Le posate iniziarono ad avere dimensioni adeguate, pratiche e funzionali, niente più forchettoni quindi, in maniera da soddisfare Ferdinando II di Borbone, che amava la pasta e i maccheroni. Mio fratello, come i turisti orientali e occidentali, nonostante i rebbi portati a quattro, si è sempre trovato in difficoltà ad arrotolare gli spaghetti e quindi aiutandosi con il cucchiaio, invece che con il fondo del piatto, fin da quando lo conosco, ha continuato a preservare le sue abitudini.

> Perché osservi la pagliuzza nell'occhio del tuo fratello, mentre non ti accorgi della trave che hai nel tuo occhio? (Gesù di Nazareth)

Mio fratello ha fatto la cresima e la comunione insieme, mentre io ho fatto solo la comunione, perché in Italia a un certo punto hanno diviso le due cose, complicando ulteriormente la mia crescita religiosa e quindi mi sono ritrovato poi a sposarmi solo al comune e non in chiesa. A parte queste difficoltà solo apparenti, che poi si sono rivelate delle positività, alla fine la morale della storia è che io non ho ricevuto i regali per la comunione, mentre a mio fratello è toccato il pranzo con tutti gli amici e conoscenti di famiglia, con relativi regali. Alla mia comunione non fu fatto nessun rinfresco e nessun regalo, infatti, mi venne detto dai miei genitori che il tutto avrebbe avuto luogo il giorno della cresima. I miei genitori mi devono ancora un giorno di festa, ormai mio padre non c'è più, mia madre è sotto gli effetti di un ictus celebrale, ma rimane mio fratello e spetterà a lui farsene carico, prima della sua ultima partenza. Lo farà? Voi che dite?

> Papà, che tu possa solcare il mare della tua vita serenamente e con gioia. (XavierEtienne Affinati, biglietto di auguri risalente presumibilmente al 2000-2004)

Le gelosie tra fratelli, le loro invidie, rancori, malanimi e quant'altro, si basano spesso proprio su argomentazioni infantili, oserei dire miserevoli e ragioni altrettanto poco equilibrate. Perché amare e odiare un fratello viene sempre fatto con eccesso, forse perché i proverbi dicono che "sorelle e fratelli male si dicono, ma bene si vogliono". Questa ampia digressione, in realtà, mi serviva per entrare nel merito di come mio fratello è diventato scrittore, infatti, tutto si deve al regalo ricevuto per la sua comunione. Si trattava, tra gli altri, di un set completo da scrivania di pelle, composto di un porta penne, un tagliacarte, una rubrica, un porta lettere, un porta bigliettini e un sottomano. Il servizio è ancora oggi di un verde oliva e il sottomano, che ha gli angoli rinforzati e usurati dal tempo, è una sorta di cartella che si tiene sulla scrivania per posarvi il foglio quando si scrive. Ho aspettato, senza mai saperlo, che qualcuno mi regalasse un set da scrivania anche a me, ma superati i cinquant'anni ho pensato di sceglierlo e di acquistarlo su Internet, magari di finta pelle, in fondo anch'io sono uno scrittore di pelle ecologica. In ogni caso è proprio su quel set da scrivania che mio fratello ha iniziato a scrivere i suoi primi componimenti, anzi per meglio dire al suo interno. All'interno del sottomano c'è una superficie porosa, dove mio fratello ha scritto, al suo ritorno da una visita alla Fiera di Roma, tutte le sue impressioni. La Fiera di Roma nel dopoguerra, dal 1959 fino al 1999, fu collocata sulla via Cristoforo Colombo, mentre oggigiorno sorge sulla Portuense a ridosso di Fiumicino. La mattina, se si era bambini e si restava a casa per via dell'influenza, si poteva contare su un film in bianco e nero in televisione, in occasione della fiera e in via del tutto eccezionale. Andare alla fiera sulla Colombo, per noi bambini era un'occasione particolare, infatti, si potevano prendere tutti i dépliant offerti nei vari stand, poi c'erano le patatine fritte e i primi hot dog, senza contare le tante novità e le cose straordinarie da vedere o provare. Per mia madre era l'occasione per rinnovare i mobili di casa o acquistare la macchina che generava l'ozono, oppure la lampada all'interno della quale si producevano delle bolle disomogenee, fluttuanti in una sorta di gelatina liquida che ancora oggi trovo nei negozi che vendono articoli da regalo. La fiera era, tra gli anni sessanta e settanta, per noi bambini, un mondo colorato, rumoroso ed elettrizzante. Mio fratello scrisse la brutta copia di quello che era un tema scolastico all'interno del sottomano e credo che sia ancora là, con i pensieri e la forma semplice di un bambino, nulla di estremamente ricercato, anzi, direi fin troppo reale. In quelle poche righe, scritte probabilmente con una penna stilografica, mio fratello parla proprio della visita alla Fiera di Roma, in compagnia del papà, della mamma e di me. Mio fratello conserva ancora oggi quel sottomano e io lo ricordo ancora, nella realtà quest'oggetto si è trasformato in un feticcio. Ho memoria di quando mio fratello si sentì pronto per il grande passo, quando superato il passaggio da poeta a scrittore, decise di scrivere a un gruppo ristretto di persone di cui aveva stima, pur non conoscendole. Alla lettera di presentazione erano allegati dei lavori scritti da mio fratello, forse racconti o articoli. La lista dei personaggi, assai scarna, probabilmente, conteneva anche il nome di Enzo Siciliano (1934 – 2006), scrittore italiano, narratore, saggista e in seguito anche presidente della Rai, ma nessuno rispose, tranne una persona. Si chiamava Franco Cordelli, critico teatrale e scrittore, collaboratore del «Corriere della Sera», che viveva a Roma, autore di romanzi e dell'antologia "Il pubblico della poesia" (1975), curata insieme con Alfonso Berardinelli, una sorta di conglomerazione mitica delle esperienze poetiche della fine degli anni sessanta. Sta di fatto che iniziò una proficua corrispondenza fra i due, mio fratello e Franco si trovarono reciprocamente simpatici. Superate, da parte di mio padre, eventuali paure, derivanti dal fatto del non comprendere perché un intellettuale si dovesse interessare di suo figlio, le cose andarono per il meglio. Franco, grazie alle sue conoscenze, lo indirizzò verso la rivista letteraria "Nuovi Argomenti", fondata a Roma nel 1953 da Alberto Moravia e Alberto Carocci, mentre nel 1972 subentrarono nella direzione Attilio Bertolucci ed Enzo Siciliano. Mio fratello vi collaborò con qualche suo articolo.

> Perché quando leggiamo i Malvaldi, i Carofiglio, le Elena Ferrante, i Corona, i Volo - e tutti gli scriventi che riempiono le classifiche di vendita dei libri [...] anche se non capiamo bene perché, sentiamo che non c'entrano nulla con la letteratura? Perché, anche se non siamo critici o storici della letteratura, percepiamo che tra i padri del nostro '900 (Svevo, Landolfi, Soldati, Tobino...) e la quasi totalità dei romanzi pubblicati oggi c'è un abisso incolmabile, e così continuiamo a rimpiangere i primi e a sopportare i secondi? Perché Gadda e Montale o La Capria e Arbasino non sono equiparabili con gli autori che vediamo vincere lo Strega e il Campiello, o che ascoltiamo da Fazio o ai festival? [...] i primi sono libri che continuano una tradizione letteraria italiana, i secondi sono libri molto leggibili, spesso di successo, ma che sono comunque "un'altra cosa". Quale è la definizione di letteratura che abbiamo perso? [...]
> « Mah... ad esempio Francesco Biamonti o Sergio Atzeni, morto troppo presto. Tra i vivi, Arbasino e La Capria, che ora hanno 86 e 93 anni... Arrivo fino ad Affinati che col suo romanzo "L'uomo del futuro" su don Milani porta dentro la non-fiction novel non solo un bisogno di verità ma anche di etica [...]». (da un'intervista di Luigi Mascheroni all'italianista Giorgio Ficara, "il Giornale", 17 maggio 2016)

Mi viene, da lontano, un ricordo che riguarda un portacenere vintage, a colonnina, che risale agli anni Settanta, e di quando fummo invitati a casa di una nostra amica appena conosciuta, dove i mobili del salotto erano incellofanati e si era costretti a camminare con delle *pattine* per evitare di lasciare dei segni con le scarpe sul pavimento di marmo. Io, Giuseppe e Nino, seduti sul pizzo del divano, mentre ci vengono offerti dei bicchieri di limoncello o amaro, versati dentro il portacenere non appena la mamma, la nonna, le sorelle e la nostra amica si avviano in cucina. Dopo pochi secondi, ritornano, mentre alle loro spalle esce dal portacenere crepato un liquido scuro misto a cenere, goccia dopo goccia, allargandosi per il pavimento, mentre noi fuggiamo il prima possibile da quella casa.

QUATTORDICI

Avrete notato che il nome di mio fratello non è mai scritto, non è stato facile, ma al suo posto c'è sempre [mio fratello], questa scelta è per il rispetto che ho per lui. Sarà comprensibile? Lo spero, ma non me ne adombro, anzi lo rivendico, così come reclamo tutti i miei errori sostanziali, quelli che poi mi hanno fatto intendere, e senza i quali ci saremmo tutti persi lungo il corso dei nostri fiumi in guerra. Ci sono una marea di aforismi, citazioni e frasi sui fratelli, nessuno al limite del falso, ognuno con un suo fascino perverso, in ogni caso determinanti solo per chi li coglie.

> Cerca di conoscere i tuoi genitori. Non puoi sapere quando se ne andranno per sempre. Tratta bene i tuoi fratelli. Sono il migliore legame con il passato e quelli che più probabilmente avranno cura di te in futuro. (Mary Schmich, 29 novembre 1953, editorialista per il Chicago Tribune e vincitrice del premio Pulitzer nel 2012)

Nel 1981 Elias Canetti (Ruschuk, Bulgaria 1905 - Londra 1994) fu insignito del premio Nobel per la letteratura e da ragazzo, a Vienna nel 1913 giocava a soldatini insieme con un suo amico, come scrive nel suo libro "La lingua salvata" (1977), dove ci descrive anche le liti per via della mancanza di regole scritte.

> Maledetta sia la vendetta, e se massacrano il mio fratello prediletto non voglio vendetta, voglio un'altra umanità. (Elias Canetti)

La mitologia ci porta ad un passo dallo scrittore greco antico Pausania il Periegeta (110 – 180), che ci presenta una versione meno nota del mito di Narciso e della sua sorella gemella Narcisa, alla morte della quale, il fratello, disperato, non si allontanò mai più dalla sua immagine riflessa in un laghetto, perché gli ricordava il volto della sorella. Non sono da meno i personaggi mitoligici di Castore (mortale) e Polluce (immortale), i Dioscuri, figli di Zeus, gemelli con Elena di Troia (causa della famosa guerra) e Clitennestra (rappresentante della gelosia e del sentimento materno di fronte al pericolo che incombe sulla prole), per alcuni eredi di Zeus e Leda, mentre per altri figli di Tindaro, re di Sparta.

Le gesta dei gemelli Anfione e Zeto, figli di Antiope e di Zeus (fondatori e sovrani di Tebe), abbandonati alla nascita su una montagna e cresciuti da alcuni pastori, sono fin troppo simili a quelle dei più famosi Romolo e Remo (fondatori di Roma), gemelli e figli di Marte e di Rea Silvia, prima abbandonati e poi salvati da una lupa che li allattò, fino a essere poi allevati anch'essi da alcuni pastori. Se il primo omicida della storia umana è stato Caino, l'assassinio di Remo è altrettanto falso e truffaldino, solo una favola per glorificare gli antenati dei Romani e della famiglia Giulia. Il mito dei gemelli è fin da subito rapito e utilizzato nel campo della letteratura, dall'antichità ai giorni nostri, infatti, sono stati tanti gli scrittori che si sono immediatamente invaghiti di questo tema così affascinante: lo scrittore latino Plauto (tra il 255 e il 250 a.C. – 184 a.C.), il drammaturgo e cardinale Bernardo Dovizi da Bibbiena (1470-1520), poi William Shakespeare (1564-1616), Pietro Aretino (1492-1556), Matteo Bandello (1485-1561), Carlo Goldoni (1707-1793), Luigi Pirandello (1867-1936), Antonio Tabucchi (1943 2012), Umberto Eco (1932 2016), Bruce Chatwin (1940-989) e tanti altri ancora.

Lewis stava per addentare il pasticcio quando incominciò a tremare. Si guardò la punta delle dita: sbiancavano. Capì che suo fratello era in pericolo e si precipitò alla stazione. [...]. Il treno fischiò e con uno scossone si mise in moto. Lewis passò la manica sul finestrino appannato e guardò fuori i pali del telegrafo che balenavano, uno via l'altro, attraverso il riflesso roseo della ragazza. «Lei ha la febbre» disse lei. «No» disse Lewis senza voltarsi. «Mio fratello sta morendo congelato.» [...] Erano le quattro passate quando arrivò alla Visione. Rebecca era sola in cucina e rammendava un calzino con espressione turbata. «Sono andati a cercare Benjamin» disse. «Lo so io dov'è» disse Lewis. Andò nella veranda, tolse la mantella bagnata e ne prese una asciutta. Si calcò sul viso un sudovest di tela cerata e uscì nella neve. [...] Le ginocchia incominciarono a cedere, e Benjamin udì la voce del fratello che gli urlava all'orecchio: «Devi andare avanti. Non devi fermarti. Se ti addormenti, io muoio.» Allora continuò a camminare e, trascinando un piede dietro l'altro, tornò alle rocce lungo l'orlo del dirupo. E quello era il posto giusto per rannicchiarsi con il cane al riparo dal vento, e dormire. Quando si svegliò, intorno a lui era tutto bianco, e ci mise un po' a capire che quel bianco non era neve ma lenzuola. Lewis era al suo capezzale, e dalla finestra entrava il vivido sole primaverile. «Come ti senti?» chiese Lewis. «Mi avevi lasciato» disse Benjamin. (Bruce Chatwin, Sulla collina nera, 1982)

I fratelli, nel mondo del cinema, sono presenti fin dalla sua nascita con Auguste Marie Louis Nicolas Lumière (1862 – 1954) e Louis Jean Lumière (1864 – 1948), considerati gli inventori del proiettore (forse) e i primi cineasti. In Italia per il cinema abbiamo i fratelli Paolo (1931) e Vittorio Taviani (1929), registi assai gradi alla critica, meno dal pubblico. Anche la conquista del cielo deve molto ai fratelli Joseph Michel Montgolfier (1740 – 1810) e Jacques Étienne Montgolfier (1745 – 1799), inventori della mongolfiera, così come ai fratelli Wilbur Wright (1867 – 1912) e Orville Wright (1871 – 1948), i primi (forse) a portare in volo un aeroplano.

Uno scrittore in grado di realizzare, in parte, i propri sogni è stato Umberto Eco (1932-2016), che tratta l'argomento dei fratelli nel romanzo "L'isola del giorno prima" (1994), dove il protagonista, naufragato su un'isola deserta, si crea un fratello immaginario nel tentativo di sentirsi deresponsabilizzato del suo triste destino. Mio fratello, ironia della sorte, per un breve periodo della sua adolescenza, si sentì in dovere di crearsi un amico immaginario nel tentativo di sentirsi meno solo. Gli diede un nome, facendo preoccupare così mia madre, che chiese aiuto al dottore, il quale minimizzò il tutto ritenendolo perfettamente normale. Oggi mi domando, ma io dove ero mentre mio fratello giocava con i suoi fantasmi? Accanto a lui! Qualche anno dopo, mio fratello fu sottoposto a visita psichiatrica, perché il suo maestro Perez mandò a chiamare mia madre, dicendogli che probabilmente mio fratello aveva dei problemi nell'apprendimento, poiché non assimilava correttamente la matematica. All'epoca avevamo un bravo dottore di famiglia, che diede a mia madre l'indirizzo di una psicologa, la quale visitò mio fratello e sorridendo disse che non aveva nulla di particolare, se non una classica idisiocrasia per la matematica, come tanti altri ragazzi. L'aspetto insolito fu che, poiché stavamo già nello studio, mia madre ritenne bene di far visitare anche me, per fortuna anch'io non risultai con particolari ritardi o difficoltà di apprendimento. Un'altra volta, mio padre ci portò da un dottore, di notevole prestigio e fama, a fare una visita medica per avere il nullaòsta per praticare il judo. A mio fratello risultò un'infiammazione all'appendicite, che il medico consigliò di operare immediatamente, presso una clinica sulla via Casilina. Mio fratello, da perfetto soldatino indomito, fu preparato all'evento, mentre in famiglia veniva nascosto il volume dell'enciclopedia che trattava proprio questo tipo di intervento, per evitare che fosse letto dal malato. Il giorno che mio fratello, accompagnato da mio padre, si presentò presso la struttura sanitaria, fu accolto da una suora, la quale parlando, del più e del meno, domandò, in maniera retorica, se fosse veramente necessaria questa operazione. Mio padre allertato, quel giorno decise di non far operare suo figlio e lo portò dal meno noto e prestigioso medico di famiglia, il dottor Pirro, che dopo aver fatto una visita e consultato le analisi, non consigliò per nulla l'intervento, ritenendolo inidoneo. Passati tanti anni, mio fratello conserva ancora oggi la sua appendicite, tutto questo mi ricorda A. J. Cronin (1896 – 1981) e il suo dottor Manson che, in una breve fase della sua vita, raccomandava ai propri clienti medicine e interventi inutili, in conseguenza di un giro di favori (La cittadella, 1937). Altro autore da me apprezzato, in particolare per il romanzo "Anni verdi" (1944), ma la critica ha sempre storto il naso, non riuscendo a distinguere tra scrittori di "bestseller" e scrittori amati dal grande pubblico. Non dobbiamo vergognarci di aver adorato Dumas, Verne, Sabatini e Salgàri, semmai sentiamoci preservati dalla triste malattia dell'ovvietà, nemici giurati del prestigio e della notorietà, amanti indefessi della dolce e talvolta malinconica vita quotidiana, pur sempre adusi e avvezzi, al gran pericolo della timidezza e della solitudine.

Naturalmente arrossii come uno sciocco, mentre il mio disgraziato carattere mi faceva scattare. (A. J. Cronin, Le chiavi del regno, 1941)

QUINDICI

Un giorno un conoscente mi disse, per farmi un complimento, che ero un uomo buono "da bosco e da riviera", nel senso che sapevo cavarsela in qualsiasi circostanza. Probabilmente sono più simile a un cane che si adatta a cacciare sia nel bosco sia nelle paludi, dove la melma e l'umidità si fanno più dense. Non ho mai odiato mio fratello, non provo risentimento e neanche invidia, ritengo mio fratello uno dei più grandi scrittori italiani, al punto che se un giorno scriverà anche di me, oltre che di mio padre e di mia madre, rischierà di vincere il premio letterario più importante della sua vita. Spesso ho dovuto lottare contro il suo sguardo che sembrava, senza averne mai la certezza, volesse dire che le mie scelte dipendessero dal simulare una gara con il mio falso gemello. Ho provato ciclismo su pista e a giocare a rugby, ho smesso di studiare all'università nella facoltà di Lettere, mi sono sposato giovanissimo, ho lavorato per circa venti anni in un'attività familiare al centro del mondo, ho avuto due figli, sono stato autore di giochi di comitato e simulazioni militari, infine, ho scelto la via della passione per il resto della mia vita. Ho fatto le mie scelte, lasciando a mio fratello le sue, nel rispetto del suo carattere muto, introverso e solo, senza mai dare o ricevere consigli, ergendomi a scudo umano per senso di giustizia, avvinghiandomi alle parole paterne e ai sogni familiari. Le favole metropolitane, di quando sono venuti a mancare i protagonisti, ancora si raccontano e le loro gesta, avvilenti, degradate o generose che siano, ancora si cantano. Di quando nostro padre salì su un traliccio dell'alta tensione per salvare un gatto; di quando un automobilista fece il gesto delle "corna" e di quanto mio padre lo rincorse fino a un semaforo rosso e di come lo schiaffeggiò in viso, con relativa complicità di mio fratello bambino, che lo avvertì di un attacco alle spalle; di quando mio padre, negli anni settanta, andava a Campi Bisenzio (in Toscana) a comprare nelle piccole fabbriche della zona ormai diventate tutte cinesi; di quando nel dopoguerra nostro padre, senza arte e ne parte, orfano e povero, vendeva cravatte dentro a un ombrello, agli angoli delle strade di Piazza Vittorio a Roma, mentre per timidezza con gli occhiali da sole, fuggiva dai vigili urbani che lo rincorrevano; di quando mio padre ci raccontava le tantissime sue avventure nel tentativo di scalare la montagna incantata della vita. Le favole raccolte e rielaborate dai fratelli Grimm (Jacob Ludwig Karl Grimm, 1785 – 1863 e Wilhelm Karl Grimm, 1786 – 1859), ci portano a Hänsel e Gretel, i fratelli, che abbandonati dal padre e dalla matrigna, restando uniti riusciranno a uccidere la strega che li teneva prigionieri e, una volta arricchitisi con il ritrovamento del tesoro della vecchia cattiva, ritornare dal padre. Un fratello e una sorella, le cui origini medievali, tra miti e sogni onirici, ci fanno comprendere come l'infanticidio e la giusta attenzione nei confronti dei pericoli della vita abbiano origini assai antiche. Esiste una montagna che ha spaccato più di un fratello, ha corrotto nella tragedia ogni possibile soluzione, una vetta con un tasso di mortalità tra i più elevati, si tratta del Nanga Pàrbat (8125 metri) situato in Pakistan. Per la conquista della cima si è pagato un conto, fino a oggi, di trentuno vite spezzate.

> *Erano passati quattro giorni da quando Günther era sparito, eppure era sempre qui. Non lo vedevo più camminare davanti, di fianco o dietro a me, ma lo sentivo sempre accanto. Per quattro giorni mi ero disperato per lui e avevo atteso aiuto, anche per poter parlare con qualcuno. La perdita e il dolore erano troppo grandi per poterli sopportare da solo.*
>
> Finalmente arrivano i primi membri della spedizione, ma nessuno chiede cosa sia successo. Devo dimenticare che Günther non tornerà più. Ora non è più così importante, dice Herrligkoffer. Devo pensare solo a me. Certo, questo consiglio è dato per consolarmi, ma non riesco proprio a capirlo.
>
> Volevo solo condividere il mio dolore, raccontare tutto, e finalmente non essere più solo con la perdita, la disperazione, la responsabilità. Se mio fratello, nei giorni precedenti, era stato con me sulla cima e improvvisamente non c'era più, non potevo semplicemente dimenticare la sua mancanza. E come? La cosa più importante avrebbe dovuto essere priva di importanza? No, così non c'erano né consolazione né sonno. Ero disperato. (Reinhold Messner, La montagna nuda, Il Nanga Parbat, mio fratello, la morte e la solitudine, Corbaccio, 2003)

Nel 1932 una spedizione tedesca azzardò l'impresa ma Willy Merkl, che la conduceva, morì nel tentativo. Il fratellastro, Karl Herligkoffer, nella speranza di rievocare la sua figura, nel giugno 1970, programmò una spedizione. Reinhold Messner e suo fratello Günther, furono invitati a partecipare alla spedizione, che prevedeva la conquista della vetta attraverso la risalita del versante meridionale, il Rupal, considerata la più alta parete del mondo. I due fratelli riuscirono nell'impresa, ma sulla via del ritorno Günther, fu travolto da una valanga e perse la vita. Nacquero una serie di polemiche, che per molti anni portarono Reinhold verso un percorso di redenzione, nel tentativo di sottrarsi dai sensi di colpa derivanti dalla scomparsa di suo fratello. Reinhold fu accusato di aver trascinato suo fratello in un'impresa disperata, di essere tornato per una via poco nota, di non essere mai giunto sulla cima della vetta e così via. In seguito, in cima alla vetta, fu ritrovato quello che rimaneva dei loro guanti, e nell'agosto del 2005 il corpo di Günther riemerse esattamente nel luogo indicato da Reinhold, in altre parole quasi giunti alla salvezza. Le false accuse vennero meno, mentre Reinhold diventò il primo alpinista a scalare in solitaria, tutte le quattordici vette del mondo sopra gli 8.000 metri. A esaminare una foto del Nanga Pàrbat, non sembra che tale vetta possa essere una così terribile montagna, perlomeno non diversa da tante altre. In realtà le difficoltà tecniche, il pericolo costante di slavine, i rischi di congelamento e le allucinazioni, la fanno temere come una "montagna assassina".

Altro aspetto della fratellanza riguarda i cosiddetti "fratelli di sangue", infatti, se un uomo imparentato per nascita non ha possibilità di scelta, al contrario due uomini privi di legami parentali dovrebbero essere in grado di sceglieri le proprie amicizie più strette, in teoria, senza costrizioni. Il termine "fratello di sangue", nel mondo della criminalità organizzata e in particolare per alcune cosche italiane, ha assunto il ruolo di iniziazione nel tentativo di sconfiggere il tradimento tra gli affiliati. Se la cosca teme il pentito e in particolare il collaboratore di giustizia, la famiglia, invece, guarda con pacata serenità gli amici, fino a quando non tradiscano le regole di casa. Le amicizie fallite al proprio nascere sono un'altra tessera di questo enorme puzzle.

Commisurato alla durata della loro carriera, il tempo che Bernini e Borromini lavorarono insieme a San Pietro fu relativamente breve: solo nove anni, dal 1624 al 1633. Ma per entrambi quell'esperienza non avrebbe potuto essere più chiarificatrice – o più durevole. Per il resto della loro vita, ciò che accadde durante la progettazione e la costruzione dell'enorme baldacchino di bronzo – alto più di 28 metri e pesante più di 63.000 chili – influenzò la loro carriera e ciò che i due avrebbero pensato l'uno dell'altro. L'opera divenne lo sfondo di una rivalità quasi melodrammatica che intrecceranno per tutta la vita, tenendoli legati secondo modalità che nessuno dei due avrebbe potuto immaginare. (Jake Morrissey, Geni rivali, Bernini, Borromini e la creazione di Roma barocca, 2005)

L'amicizia nata sui banchi di scuola permane, lo stesso accade quando si affrontano periodi bui, allora i legami affettivi si rafforzano e si comprende di essere "fratelli nella notte". Non c'è cosa che non possa essere valicata, perfino la morte può essere affrontata e vinta, questo mi veniva in mente quando ho visto una persona domandare di uscire da questo involucro terreno, e lo chiedeva al suo Stato nazionale, rivendicando una maniera umana e dignitosa per salutare i suoi amici e familiari, senza correre il rischio di farli imputare di omicidio. La legge italiana nel 2017, ancora non lo prevedeva, ma nello stesso periodo era possibile andare in Svizzera o in Olanda e, pagando una somma più o meno rilevante, ottenere una sorta di eutanasia controllata, dopo aver superato l'esame di una commissione medica. Nella "Bibbia" la parola "fratello", al singolare e al plurale, compare circa 1102 volte; nel "Corano" non arriva a 80 corrispondenze; in "Autobiografia di uno Yogy" di Paramahansa Yogananda supera di poco le 100 corrispondenze, compresa la parola "fratellanza"; in "Il libro di Mormon", uno dei testi sacri del mormonismo, la troviamo circa 1045 volte; mentre "Il libro del Tao" di Lao-Tzu la contiene una sola volta; infine nella "Divina Commedia" di Dante siamo a quota 35. Logicamente la differenza è data dal numero di pagine di ogni opera, e da qualcosa che ha a che fare con noi stessi. Ci stiamo avvicinando alla fine di questo romanzo anonimo, tra breve arriveremo al nocciolo della questione, ma ancora non è il tempo giusto, perderemo qualche istante per parlare di filosofia. Una volta a scuola insegnavano l'educazione fisica, la musica, l'educazione civica e sessuale, la storia, le religioni e perfino l'educazione domestica, ma ancora oggi manca l'educazione mentale. Si tratta di fornire le nozioni base per aiutare i ragazzi a crescere sereni, sia nei momenti belli sia in quelli più bui, insegnargli cos'è la depressione e come se ne esce, la filosofia occidentale e quella orientale, cosa significa mangiare in maniera sana e come leggere i libri senza farsene una colpa. A me insegnavano a fare bilanci miliardari per aziende virtuali, per poi diplomarci con ottimi voti, senza averci detto nulla su una semplice dichiarazione dei redditi. Non c'è problema o domanda personale che la filosofia non sappia, in apparenza, affrontare. Ho tanti amici e conoscenti che si avvicinano alla religione, ai movimenti esoterici, alla cabala, al reiki, al buddismo, al volontariato, all'astrologia, alla difesa dei diritti dei cani e dei gatti, alla meditazione e a tutto il resto.

> Abbiamo bisogno di fare domande per risolvere i nostri problemi, per sapere come agire se vogliamo ottenere ciò che ci interessa. In una parola, facciamo – e ci facciamo – domande per imparare a vivere meglio. [...] L'importante è porre le domande alle persone giuste. [...] Troverete gente che vi prometterà una risposta definitiva e totale a tutte queste domande, statene certi. Costoro conoscono la verità sicura e garantita per ciascuno dei dubbi che avete perché gliel'ha rivelata una notte in un orecchio Dio in persona, o magari un mago tipo Gandalf o Albus Silente, oppure un extraterrestre molto «fico» e in vena di fare favori. Li riconoscerete subito perché vi diranno di non fare più domande, di non ostinarvi a pensare con la vostra testa, di avere fiducia cieca e di accettare ciò che loro stessi vi insegneranno. Vi diranno – quei grandissimi... meglio stare zitti! – che dinanzi ai misteri dell'Universo non dovete essere orgogliosi ma docili. [...] La filosofia è un modo di ricercare verità e denunciare errori o falsificazioni che ha già più di duemilacinquecento anni di storia. (Fernando Savater, Storia della filosofia raccontata da Fernando Savater, Laterza, 2009)

Ci sono diversi fenomeni che disabilitano le nostre difese, in particolare possiamo temere i "sensi di colpa", le "aspettative" e i "segreti". Ognuno di questi tre argomenti merita un volume a parte, riassumendo si può dire che ciascuno di noi deve evitare di farsi dei sensi di colpa (questo non significa non avere scrupoli); ognuno di noi deve evitare di porsi aspettative esagerate (questo non significa non avere obiettivi oppure sognare); infine evitare i segreti e le promesse da mantenere, che ci portano ansia e malessere (questo non significa essere sinceri ad ogni costo). Non abbiamo paura di morire, abbiamo paura del "sentire" il suo arrivo e il dolore che ne consegue, perché sappiamo che una volta morti la sofferenza cesserà, ma finché saremo vivi, triboleremo. Non temiamo dove andremo, perché non sappiamo neanche dove eravamo prima di arrivare a vivere. In realtà è la nostra insoddisfazione a renderci insicuri e deboli, la paura è dentro di noi, così come siamo incapaci di goderci la vita. Se la filosofia si è sempre posta la domanda di come fare a vivere meglio, la risposta è stata sempre quella di evitare gli eccessi di appetito, cioè trovare il giusto equilibrio per ogni cosa. Non è sbagliato avere una passione, semmai è pericoloso affidarsi a essa totalmente e senza la serenità d'animo che ci permette di dire basta. Ho sempre amato mangiare i ravioli ricotta e spinaci, perché non li mangio tutti i giorni, così ogni volta che l'incontro è per me rinnovare una cerimonia che ha del sacro. Le religioni, al contrario della filosofia, troppo spesso ci rendono schiavi, ma siete liberi di pensare che la mia sia una pazzia normale. Il giorno che la filosofia occidentale si sarà fusa con quella orientale, solo allora il mondo troverà nuova linfa per fare un ulteriore passo in avanti. I fratelli, nel frattempo, saneranno le loro questioni sul campo dell'onore e delle lacrime.

« Ma sarà veramente così? »

« Non lo so! Forse! Boh! »

In ogni caso continuando il nostro percorso nel cinema, mi viene in mente la pellicola "Tre fratelli" di Francesco Rosi del 1981. Nel film un operaio (Michele Placido), un magistrato (Philippe Noiret) e un maestro (Vittorio Mezzogiorno) vengono avvertiti della morte della loro madre e quindi costretti a ritornare nel loro paese di origine nel sud Italia. Ognuno di loro rappresenta le problematiche di una parte della società durante gli anni di piombo, in realtà il film viene premiato dal mondo politico perché il regista ne fa una sorta di discorso educativo e morale, dove lo Stato ha la meglio sulla protesta popolare, pur accogliendone, solo in apparenza, le giuste rivendicazioni, ma condannandone le modalità violente, in sintesi il terrorismo.

« Ultimamente ti penso sempre più spesso! »

« Rivoluzione! »

SEDICI

Mio fratello non sa che l'hotel Miramare in via Fata Morgana a Reggio Calabria, dove lui pensa di essere stato concepito nel 1955, è esistito solamente come luogo di passaggio dei nostri genitori. In realtà fu proprio nel 1955, che l'albergo, costruito nel 1927, fu chiuso per lavori e sopraelevato di un ulteriore piano, subendo diversi interventi di ampliamento, "nell'interesse e per il decoro della città", come è scritto su una vecchia targa. Arriva per tutti, all'improvviso, in una sorta di data variabile, il momento di fare i conti con le proprie radici e allora diventa un problema. Per mio fratello è arrivato, fortissimo e selvaggio, il tempo di ricercare le proprie origini. L'ha fatto prima con un romanzo su mia madre e poi con un altro paio di libri su mio padre, ogni volta ha chiuso un capitolo della sua vita, grazie a questo sistema è riuscito ad *archiviare* l'argomento che lo tormentava. Grazie a questo lavoro di catalogazione, registrazione di eventi, conservazione e memorizzazione, mio fratello è riuscito a insabbiare, sospendere, abbandonare e seppellire la sua angoscia. Ogni volta che si è trovato di fronte a un quesito dell'anima, mio fratello è riuscito, scrivendo un libro, a trovare dentro di sé la soluzione e la risposta alla sua domanda. Mio padre era un uomo come tanti altri, ognuno di noi onora la figura paterna come meglio può, se ne ritiene giusta la sua consacrazione. Al suo ricordo ci affidiamo nei momenti bui e nelle situazioni intricate, perfino quando nel dubbio ci poniamo il principale quesito: cosa avrebbe fatto mio padre in questa situazione?

> « Nacqui il 24 luglio 1915 all'ospedale San Giovanni di Roma, dove sono morto a ottantotto anni per ictus cerebrale. Lo sai, no? Ero il secondogenito di Elisa Affinati, una ragazza venuta nella capitale dalle campagne pontine a cercar fortuna. Vecchia Italia. Oggi diresti che gli extracomunitari eravamo noi, giusto?
> » ([Mio fratello], La Città dei Ragazzi, Mondadori, 2008)

Ha trovato una risposta per ogni sua manchevolezza, dispiacere, senso di colpa, segreto, riuscendo a sopravvivere e a dimenticare. Ha attraversato le vite dei nostri genitori, le ha suddivise, osservate e nei loro difetti e pregi ha ricercato l'assoluzione per le proprie colpe. L'anafettività. Figli di genitori orfani, che senza i giusti modelli, non hanno saputo infondere alla propria discendenza le vie modulari da seguire e trasmettere. Non siamo degli psicologi e, se ogni volta dobbiamo ricercare in noi stessi le soluzioni dei nostri malesseri, rischiamo di divenire "credenti" e non "pensanti". Se io vivo esclusivamente di sensazioni e di paradigmi giusti oppure errati, potrei dire che in mio fratello abbia contribuito in maniera devastante l'*abbandono*. Quello ricevuto in fase postadolescenziale, cioè la delusione sentimentale che l'ha trasformato, umanamente, in una macchina pensante e ingegnosa. In realtà, non una fondata trasformazione, semmai un ispessimento della propria umana coscienza, realizzato in uno smodato studio, effettuato con dedizione e accumulo di conoscenza. Si è autocostruito un'ingegnosa macchina difensiva in grado di provocare un distacco emotivo, le impronte sono un'irritabilità che dura poche ore e una bellissima propensione per l'estetica. L'ironia della sorte è che, tali apprezzati o deleteri segni primordiali, sono parte insindacabile della nostra famiglia. Mia madre non ci abbracciava sovente, sembrava scarsamente propensa ai contatti corporei, mentre mio padre non trasformava i suoi sentimenti in azioni. Il blocco affettivo trasmesso da padre in figlio ha portato la nostra famiglia a ibernarsi nei confronti degli altri, in una sorta di anestetizzazione personale. Mio fratello si è esposto personalmente a tali conseguenze, arrivando a estromettere dal suo interno tutte le figure che gli appartenevano, sostituendole con animali randagi, ragazzi sperduti, follie dell'intelletto, deboli e dolci, gradevoli fraganze di viaggi lontani. La grande muraglia è crollata alla morte di mio padre, quando di fronte a un'eredità di valori e di ricchezze terrene, quella famiglia, che lui ha rappresentato al mondo esterno come un'entità povera nella pratica quotidiana e nella cultura, si è rivelata benestante sia in terra sia nell'intelletto. Alla morte di mio padre mi sono ritrovato possidente, smettendo di lavorare e vivendo di rendita, amministrando i beni ereditati nel tentativo di ampliarli senza erodere il capitale. A quarantatré anni è come se fossi andato in pensione, senza disporre di un capitale eccessivo, ma con una piccola rendita su cui contare, una possibilità che ho sfruttato per arricchire la mia cultura o meglio, per vincere l'ansia e la paura del vuoto sentimentale. L'eredità di mio fratello è stata pari alla mia, ma i suoi obiettivi erano diversi dai miei, a lui premeva una stabilità residenziale, che puntava a una vita fatta di regolarità, cosa che le persone, in genere, ritengono apprezzabile, perché sembra dare loro una garanzia a vita. Il piacere illusorio della scrittura è temibile se legato al narcisimo e all'egocentrismo, ma se ne possono placare i morsi, affidandosi al volontariato civile oppure alle attività benemerite.

Caro Fortunato, la vita è imprevedibile come la morte, ascolto una canzone romana, chiudo gli occhi e sento i brividi, rivedo lo sguardo carezzevole tuo, quanti ricordi. La tristezza mi assale, richiamo alla mente il tuo volto e costruisco una fantasia di cui tu sei invariabilmente al centro, questa solitudine mi da un dolore pazzesco e mi assale una tristezza [...] quanti ricordi, cinquantasei anni assieme, giorno e notte, la vecchiaia avanza e si sfiorisce... quanti pensieri. Tanti pensieri, ti voglio bene Fortunato, grido per casa, mentre sento fluirmi dentro la corrente calda di tutto l'amore che ho sempre provato per te e ho il rammarico di non avertelo detto più spesso, ma la mia era solo timidezza. [Tanti] pensieri, ero la donna più felice del mondo quando ti annunciai che saresti diventato padre, lo desideravi tanto, sono stata giudicata una madre poco affettuosa, che dolore amore mio, a questa accusa mi ribello, perchè dentro di me c'era un immenso amore. So che mi aspetti, [perché] quando uno muore percorre un lungo tunnel nel buio, ma in fondo c'è una grande luce bellissima. E lì, fuori dal tunnel ci sono tutte le persone care che ti accolgono con gioia, con immensa contentezza, quando toccherà a me dirai: "Sei arrivata finalmente bella mia!". Perché mi chiamavi con dolcezza "bella mia", così saremo felici per sempre! (Maddalena Cavina, Diario di Lena, 2003)

Omero non è mai esistito in quanto uomo o poeta, egli, infatti, rappresenta esclusivamente l'insieme di un'enciclopedia del mondo greco, dove il personaggio di Odisseo fa da garante, grazie all'intervento di svariati autori. L'eroe omerico perpetua il prestigio della famiglia attraverso la discendenza maschile.

"Ettore, se io ti perdo, morire sarà meglio che rimanere viva: perché non ci sarà conforto, per me, solo dolore. Io non ho padre, non ho madre, non ho più nessuno. Il padre me l'ha ucciso Achille quando distrusse Tebe dalle alte porte. Avevo sette fratelli e tutti li uccise Achille, nello stesso giorno, mentre pascolavano i buoi, lenti, e le candide pecore. E mia madre, Achille se la portò via, e poi pagammo per riaverla, e lei tornò, ma per morire di dolore, d'improvviso, nella nostra casa. Ettore, tu mi sei padre, e madre, e fratello, e sei il mio sposo, giovane: abbi pietà di me, resta qui, sulla torre. Non combattere in campo aperto, fà arretrare l'esercito vicino al fico selvatico, a difendere l'unico punto debole delle mura, dove già tre volte hanno tentato l'assalto gli Achei, spinti dal loro coraggio." (Alessandro Baricco dal libro "Omero, Iliade", Feltrinelli, 2004)

Nessuno può dire con assoluta certezza che lo Shakespeare nato a Stratford on Avon è l'autore materiale delle opere che gli furono attribuite. Nessuno può dire che egli non fosse sicuramente anche omosessuale, cattolico o protestante e tante altre cose.

Tutto il mondo è un palcoscenico, e gli uomini e le donne sono soltanto degli attori, che hanno le loro uscite e loro entrate. Ed ognuno, nel tempo che gli è dato, recita molte parti, e gli atti son costituiti dalle sue sette età. (William Shakespeare, da "Come vi piace")

Mio fratello, uscito dallo studio notarile, non l'ho più visto, abbracciato o sentito, se non davanti a un corridoio di un ospedale, per questioni fiscali o pratiche riguardanti mia madre. Una volta che mia madre sarà scomparsa, ho la certezza che non rivedrò mai più mio fratello. Se prima non lo sentivo per gli auguri di Natale, per la laurea dei miei figli o per ogni piccolo, grande avvenimento familiare, dopo sarà anche peggio. Mio fratello cesserà di esistere per me, mentre sarà avvistato in trasmissioni televisive o radiofoniche, su articoli di giornale o illusioni di brume passate. Il secondo di noi due che dipartirà, non avrà certezza di aver assistito al funerale del proprio fratello.

"Addio, fratello!" – "Andiamo in pezzi, andiamo in pezzi, in pezzi!" (William Shakespeare, La tempesta, testo basato sull'in-folio del 1623)

CRONOLOGIA

1915
Il 24 luglio nasce a Roma Fortunato Affinati (mio padre).

1927
Il 2 maggio nasce a Riolo Terme (Forlì) Maddalena Cavina (mia madre).

1956
Il 21 febbraio nasce a Roma mio fratello.
Il 25 luglio affonda il transatlantico Andrea Doria.
Il 4 novembre l'Armata Rossa invade l'Ungheria.
Il 2 dicembre Fidel Castro sbarca a Cuba. Ha inizio la guerriglia contro il presidente Fulgencio Batista.

1959
L'1 gennaio il dittatore Fulgencio Batista abbandona l'Avana (Cuba). Fidel Castro entra nella capitale cubana.
A marzo in Tibet, dopo violenti scontri contro gli occupanti cinesi, il Dalai Lama trova rifugio in India.
Il 15 dicembre nasce a Roma Riccardo Affinati.

1989
Il 9 novembre a Berlino cade il muro che divideva la città dal 1961, mentre a Roma nasce DésiréeDenise Affinati.

1991
Il 13 giugno nasce a Roma XavierEtienne Affinati, mentre in agosto viene riconosciuto il diritto alla secessione da parte di ogni Repubblica costitutiva dell'Unione Sovietica.

2003
L'8 luglio muore Fortunato Affinati (mio padre).

2017
Il 26 settembre muore Maddalena Affinati (mia madre).

BIBLIOGRAFIA ESSENZIALE

Affinati [Mio fratello], La città dei ragazzi, Milano, Mondadori, 2008

Affinati R., Camminare nell'Italia fascista, Soldiershop, 2016

Baricco A., Omero, Iliade, Feltrinelli, 2004

Borges J. L., L'Aleph, 1949

Bukowski C., Compagno di sbronze, 1972

Canetti E., La lingua salvata, 1977

Capote T., L'arpa d'erba, 1951

Chatwin B., Sulla collina nera, 1982

Cronin A. J., Anni verdi, 1944

De Filippo E., I capolavori di Eduardo, Einaudi, 1973

De Filippo P., Una famiglia difficile, Marotta, 1977

De Simone R., Il presepe popolare napoletano, Einaudi, 1998

Dostoevskij F., I fratelli Karamazov, 1879

Eco U., L'isola del giorno prima, 1994

Ginzburg N., Lessico famigliare, 1963

Hemingway E., Avere e non avere, 1937

Jaeggy F., Sono il fratello di XX, Adelphi, 2014

Kawabata Y., Il maestro di go, 1954

Landolfi T., Il Mar delle Blatte e altre storie, Adelphi, 1936

Merini A., Mia sorella, Terra d'Amore, 2003

Messner R., La montagna nuda, Il Nanga Parbat, mio fratello, la morte e la solitudine, Corbaccio, 2003

Moravia A., Agostino, 1945

Naipaul V. S., Una casa per il signor Biswas, 1961

Pasolini P.P., Scritti corsari, 1975

Potok C., Il maestro della guerra, Garzanti, 1996

Rigoni Stern M., Il sergente nella neve, Einaudi, 1965

Sabatini R., Lo sparviero del mare, 1931

Salgari E., Capitan Tempesta, 1905

Samonà C., Fratelli, Sellerio, 2008

Simenon G., I fratelli Rico, Adelphi, 1952

Singer I. B., Alla corte di mio padre, 1956

Stout R., Orchidee nere, 1942

Tolstòj L., I cosacchi, 1863

Tomasi di Lampedusa, Il gattopardo, Feltrinelli, 1978

Verne J., Il raggio verde, 1882

FILMOGRAFIA ESSENZIALE

Aldrich R., L'imperatore del nord, 1973

Baumbach N., Meyerowitz Stories, 2017

Coen E. e Coen J., Fratello dove sei?, 2000

Comencini L., Pane, amore e fantasia, 1953

Coppola F. F., Segreti di famiglia, 2009

Coppola F.F,, Il Padrino, 1972

Donen S., Sette spose per sette fratelli, 1954

Dmytryk E., La montagna, 1956

Duvivier J., Don Camillo, 1952

Ferrara A., Fratelli, 1986

Ford J., Un uomo tranquillo, 1952

Granier-Deferre P., Le chat, 1971

Hawks H., Lo sport preferito dall'uomo, 1964

Kramer S., Indovina chi viene a cena, 1968

Kurosawa A., I sette samurai, 1954

Landis J., The Blues Brothers, 1980

Lang W., La segretaria quasi privata, 1957

LeRoy M., Piccole donne, 1949

Levinson B., L'uomo della pioggia - Rain Man, 1988

May E., È ricca: la sposo, l'ammazzo, 1971

Pasolini P. P., Accattone, 1961

Pasolini P.P., Edipo re, 1967

Rho M., Cavalli, 2011

Risi D. Poveri ma belli, 1968

Ritt M., La Fratellanza 1968

Rosi F., Tre fratelli, 1981

Rovere M., Veloce come il vento, 2016

Rubini S., La terra, 2006

Shavelson M., Appuntamento sotto il letto, 1968

Troisi M., Scusate il ritardo, 1982

Visconti L., Rocco e i suoi fratelli, 1960

Wilder B., Che cosa è successo tra mio padre e tua madre?, 1972

Wyler W., La legge del signore, 1956

DISCOGRAFIA ESSENZIALE

Bob Dylan, Oh, sister, Desire, 1976
Brusco, Sangue, 2006
David Bowie, The Bewlay Brothers, Hunky Dory, 1971
Dire Straits, Brothers in Arms, 1985
Elton John, Daniel, 1972
Francesco De Gregori, Buonanotte fratello, Alice non lo sa, 1973
Jovanotti, Fango, Safari, 2008
Ivan Graziani, Palla di gomma, 1983
Povia, Mia sorella, Evviva i pazzi, 2005
Renato Zero, Tu che sei mio fratello, Invenzioni, 1974
Rino Gaetano, Mio fratello è figlio unico, 1976
Sergio Cammariere, Sorella Mia, Dalla pace del mare lontano, 2003
The Hollies, He Ain't Heavy He's My Brother, 1969
Tiziano Ferro, Mio Fratello, Nessuno è solo, 2006
Vasco Rossi, Una canzone per te, Bollicine, 1983

TEATROGRAFIA ESSENZIALE

Bersezio V., Le miserie 'd Monsù Travet, 1863 (interpretata anche da Erminio Macario)
D'Annunzio G., La figlia di Iorio, 1903 (interpretata nel 1904 da Irma Gramatica, che sostituì l'ammalata Eleonora Duse)
De Filippo E., Sabato, Domenica e Lunedì, 1956 (interpretata anche da Luca De Filippo, Sofia Loren, Massimo Ranieri e Toni Servillo)
Garinei e Giovannini, Rugantino, 1962 (commedia musicale interpretata anche da Nino Manfredi e Aldo Fabrizi)
Goldoni C., La locandiera, 1753 (interpretata anche da Tino Buazzelli)
Hollier D., Fratelli (interpretata anche da Gianfelice Imparato e Giovanni Esposito)
Ionesco E., Il re muore, 1962 (interpretata anche da Flavio Bucci)
Kesselring J., Arsenico e vecchi merletti, 1939 (nel 1945 con Paolo Stoppa)
Molière, Il misantropo, 1666 (interpretata anche da Giancarlo Sbragia)
Pirandello L., Liolà, 1916 (interpretata anche da Angelo Musco, Domenico Modugno e Massimo Ranieri)
Simon N., A piedi nudi nel parco, 1963 (interpretata a teatro anche da Robert Redford, che in seguito sarà protagonista di un film)
Testoni A., Il cardinale Lambertini, 1905 (interpretata anche da Gino Cervi)
Valentinetti E., Pignasecca e Pignaverde, (interpretata da Gilberto Govi)
Wilde O., Salomé, 1896 (interpretata anche da Carmelo Bene)

AVVERTENZE

Questo libro è un'opera di fantasia. Nomi, personaggi, luoghi e accadimenti sono prodotti dell'immaginazione dell'autore o sono utilizzati in maniera fittizia. Ogni somiglianza a eventi, luoghi o persone reali, vive o morte, è del tutto casuale.

Titolo originale: Andare per fratelli
Copyright @ Riccardo Affinati 2017
All rights reserved

ISBN-13: 9788893272353
Edizione ebook: 9788893272162
Stampato in Italia presso Bookmoon
Prima edizione italiana: Marzo 2017
Seconda ristampa: gennaio 2018

BOOKMOON

SAGGI